CHIAVENATO

Iniciação ao

Planejamento e Controle da Produção

O GEN | Grupo Editorial Nacional – maior plataforma editorial brasileira no segmento científico, técnico e profissional – publica conteúdos nas áreas de ciências sociais aplicadas, exatas, humanas, jurídicas e da saúde, além de prover serviços direcionados à educação continuada e à preparação para concursos.

As editoras que integram o GEN, das mais respeitadas no mercado editorial, construíram catálogos inigualáveis, com obras decisivas para a formação acadêmica e o aperfeiçoamento de várias gerações de profissionais e estudantes, tendo se tornado sinônimo de qualidade e seriedade.

A missão do GEN e dos núcleos de conteúdo que o compõem é prover a melhor informação científica e distribuí-la de maneira flexível e conveniente, a preços justos, gerando benefícios e servindo a autores, docentes, livreiros, funcionários, colaboradores e acionistas.

Nosso comportamento ético incondicional e nossa responsabilidade social e ambiental são reforçados pela natureza educacional de nossa atividade e dão sustentabilidade ao crescimento contínuo e à rentabilidade do grupo.

Idalberto **Chiavenato**

Iniciação ao

Planejamento e Controle da Produção

3ª EDIÇÃO

- O autor deste livro e a editora empenharam seus melhores esforços para assegurar que as informações e os procedimentos apresentados no texto estejam em acordo com os padrões aceitos à época da publicação, *e todos os dados foram atualizados pelo autor até a data da entrega dos originais à editora.* Entretanto, tendo em conta a evolução das ciências, as atualizações legislativas, as mudanças regulamentares governamentais e o constante fluxo de novas informações sobre os temas que constam do livro, recomendamos enfaticamente que os leitores consultem sempre outras fontes fidedignas, de modo a se certificarem de que as informações contidas no texto estão corretas e de que não houve alterações nas recomendações ou na legislação regulamentadora.
- Data do fechamento do livro: 30/08/2022
- O autor e a editora se empenharam para citar adequadamente e dar o devido crédito a todos os detentores de direitos autorais de qualquer material utilizado neste livro, dispondo-se a possíveis acertos posteriores caso, inadvertida e involuntariamente, a identificação de algum deles tenha sido omitida.
- **Atendimento ao cliente: (11) 5080-0751 | faleconosco@grupogen.com.br**
- Direitos exclusivos para a língua portuguesa
  Copyright © 2022 *by*
  Editora Atlas Ltda.
  Uma editora integrante do GEN | Grupo Editorial Nacional
  Travessa do Ouvidor, 11
  Rio de Janeiro – RJ – 20040-040
  www.grupogen.com.br
- Reservados todos os direitos. É proibida a duplicação ou reprodução deste volume, no todo ou em parte, em quaisquer formas ou por quaisquer meios (eletrônico, mecânico, gravação, fotocópia, distribuição pela Internet ou outros), sem permissão, por escrito, da Editora Atlas Ltda.
- Capa: Bruno Sales
- Editoração eletrônica: 2 estúdio gráfico
- Ficha catalográfica

CIP-BRASIL. CATALOGAÇÃO NA PUBLICAÇÃO
SINDICATO NACIONAL DOS EDITORES DE LIVROS, RJ

C458i
3. ed.

Chiavenato, Idalberto, 1936-
Iniciação ao planejamento e controle da produção / Idalberto Chiavenato. - 3. ed.
- Barueri [SP] : Atlas. (Iniciação ; 2)
Inclui bibliografia e índice
ISBN 978-65-5977-353-4

1. Administração da produção. 2. Planejamento da produção. 3. Controle de produção. I. Título. II. Série.

22-79258	CDD: 658.5
	CDU: 658.5

Gabriela Faray Ferreira Lopes - Bibliotecária - CRB-7/6643

À Rita.
Simplesmente à Rita, com toda a ternura
que consigo transmitir.

Parabéns!

Além da edição mais completa e atualizada do livro *Iniciação ao Planejamento e Controle da produção*, agora você tem acesso à Sala de Aula Virtual do Prof. Idalberto Chiavenato.

Chiavenato Digital é a solução que você precisa para complementar seus estudos.

São diversos objetos educacionais, como vídeos do autor, mapas mentais, estudos de caso e muito mais!

Para acessar, basta seguir o passo a passo descrito na orelha deste livro.

Bons estudos!

Confira o vídeo de apresentação da plataforma pelo autor.

uqr.to/hs6d

Sempre que o ícone aparece, há um conteúdo disponível na Sala de Aula Virtual.

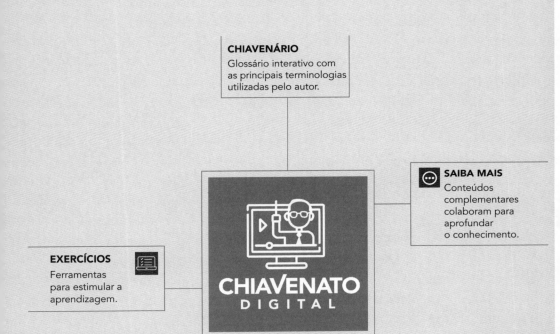

CHIAVENÁRIO
Glossário interativo com as principais terminologias utilizadas pelo autor.

SAIBA MAIS
Conteúdos complementares colaboram para aprofundar o conhecimento.

EXERCÍCIOS
Ferramentas para estimular a aprendizagem.

TENDÊNCIAS EM IPCP
Atualidades e novos paradigmas da Administração são apresentados.

SOBRE O AUTOR

Idalberto Chiavenato é doutor e mestre em Administração pela City University Los Angeles (Califórnia, EUA), especialista em Administração de Empresas pela Escola de Administração de Empresas de São Paulo da Fundação Getulio Vargas (FGV EAESP), graduado em Filosofia e Pedagogia, com especialização em Psicologia Educacional, pela Universidade de São Paulo (USP), e em Direito pela Universidade Presbiteriana Mackenzie.

Professor honorário de várias universidades do exterior e renomado palestrante ao redor do mundo, foi professor da FGV EAESP. Fundador e presidente do Instituto Chiavenato e membro vitalício da Academia Brasileira de Ciências da Administração. Conselheiro e vice-presidente de Assuntos Acadêmicos do Conselho Regional de Administração de São Paulo (CRA-SP).

Autor de 48 livros nas áreas de Administração, Recursos Humanos, Estratégia Organizacional e Comportamento Organizacional publicados no Brasil e no exterior. Recebeu três títulos de Doutor Honoris Causa por universidades latino-americanas e a Comenda de Recursos Humanos pela ABRH-Nacional.

PREFÁCIO

Lidar com organizações e empresas não é tarefa fácil nem imediata. Não existem regras ou leis para a gestão. A Administração está se configurando cada vez mais como uma atividade complexa, situacional e repleta de desafios, incertezas e dependências com tudo o que ocorre no contexto ambiental que envolve as organizações e empresas. Mercados, contingências econômicas, estratégias dos concorrentes, o impacto da globalização e as políticas governamentais são apenas alguns dos aspectos externos que influenciam poderosamente o comportamento e o destino das organizações e empresas. Contudo, quando se mira o núcleo íntimo delas – lá dentro, onde ocorre a execução das tarefas relacionadas com a produção de bens e serviços –, é possível utilizar uma visão mais prática, normativa e até mesmo prescritiva para explicar seu funcionamento. Uma verdadeira máquina de produzir com eficiência e eficácia formidáveis. É o que pretendemos fazer aqui: proporcionar uma abordagem introdutória ao planejamento e controle de produção.

No mundo moderno, a administração – no âmbito das empresas, das organizações ou das próprias nações – tornou-se o desafio fundamental para a criação de valor e o aumento da riqueza e da competitividade. Na verdade, não existem países pobres ou ricos, mas simplesmente mal ou bem administrados, que sabem ou não extrair o máximo dos recursos disponíveis. Os recursos produtivos estão aleatoriamente distribuídos pelo planeta. Sua administração é que está mal distribuída, pois nem todos os países contam com talentos administrativos suficientes para com eles produzir riqueza, gerar valor e proporcionar desenvolvimento.

Afinal, toda empresa existe para produzir algo. A produção de algo – seja produtos, serviços, conveniências, entretenimento, arte, dados, notícias, informação – é um dos objetivos básicos de toda empresa. Assim, um dos aspectos vitais da moderna administração é o planejamento e controle da produção. Aliás, tudo o que funciona em uma empresa precisa ser planejado e controlado criteriosamente.

Faço votos de que este livro possa proporcionar uma iniciação fundamental ao assunto.

Idalberto Chiavenato
www.chiavenato.com

SUMÁRIO

Capítulo 1
PRODUÇÃO, 1

1.1 AS EMPRESAS, 1

    1.1.1 Classificação quanto à propriedade, 2

    1.1.2 Classificação quanto ao tamanho, 3

    1.1.3 Classificação quanto ao tipo de produção, 4

1.2 MERCADORIAS E SERVIÇOS, 5

1.3 SISTEMAS DE PRODUÇÃO, 7

    1.3.1 Produção sob encomenda, 10

    1.3.2 Produção em lotes, 10

    1.3.3 Produção contínua, 11

1.4 FATORES DE PRODUÇÃO E RECURSOS EMPRESARIAIS, 12

1.5 CAPITAL FINANCEIRO E CAPITAL ECONÔMICO, 15

QUESTÕES PARA REVISÃO, 16

REFERÊNCIAS BIBLIOGRÁFICAS, 17

Capítulo 2
PLANEJAMENTO E CONTROLE DE PRODUÇÃO, 19

2.1 CONCEITO DE PLANEJAMENTO E CONTROLE DE PRODUÇÃO, 20

2.2 FINALIDADE E FUNÇÕES DO PLANEJAMENTO E CONTROLE DE PRODUÇÃO, 22

2.3 PRINCÍPIOS FUNDAMENTAIS DO PLANEJAMENTO E CONTROLE DE PRODUÇÃO, 24

2.4 SISTEMAS DE PLANEJAMENTO E CONTROLE DE PRODUÇÃO, 26

    2.4.1 Planejamento e controle de produção, em produção sob encomenda, 26

    2.4.2 Planejamento e controle de em produção em lotes, 28

    2.4.3 Planejamento e controle de em produção contínua, 29

2.5 FASES DO PLANEJAMENTO E CONTROLE DE PRODUÇÃO, 32

    2.5.1 Projeto de produção, 32

2.6 *MATERIAL REQUIREMENT PLANNING* E *MATERIAL REQUIREMENT PLANNING* II, 36

QUESTÕES PARA REVISÃO, 38

REFERÊNCIAS, 39

Capítulo 3
PLANEJAMENTO DA PRODUÇÃO, 41

3.1 CONCEITO DE PLANEJAMENTO DA PRODUÇÃO, 41

3.2 FINALIDADE DO PLANEJAMENTO DA PRODUÇÃO, 42

3.3 ORGANIZAÇÃO DO PLANEJAMENTO DA PRODUÇÃO, 43

3.4 FASES DO PLANEJAMENTO DA PRODUÇÃO, 44

3.5 PLANO DE PRODUÇÃO: FATORES DETERMINANTES, 44

3.6 PREVISÃO DE VENDAS, 45

3.7 CAPACIDADE DE PRODUÇÃO, 46

3.8 ELABORAÇÃO DO PLANO DE PRODUÇÃO, 48

3.9 *JUST-IN-TIME*, 52

QUESTÕES PARA REVISÃO, 54

REFERÊNCIA, 55

Capítulo 4
PROGRAMAÇÃO DA PRODUÇÃO, 57

4.1 CONCEITO DE PROGRAMAÇÃO DA PRODUÇÃO, 57

4.2 TÉCNICAS DE PROGRAMAÇÃO DA PRODUÇÃO, 59

    4.2.1 Cronograma, 60

    4.2.2 Gráfico de Gantt, 60

    4.2.3 Gráfico de montagem, 61

    4.2.4 Gráfico de carga, 61

4.3 *PROGRAM EVALUATION REVIEW TECHNIQUE*, 62

4.4 FASES DA PROGRAMAÇÃO DA PRODUÇÃO, 64

    4.4.1 Aprazamento, 64

    4.4.2 Roteiro, 64

    4.4.3 Emissão de ordens, 65

4.5 SISTEMAS DE EMISSÃO DE ORDENS, 67

    4.5.1 Sistema do produto, 67

    4.5.2 Sistema de carga, 69

    4.5.3 Sistema de estoque mínimo, 71

4.5.4 Sistema de estoque-base, 73

4.5.5 Sistema do período-padrão, 73

4.5.6 Sistema dos lotes componentes, 74

4.5.7 Sistema do lote-padrão, 75

4.6 LIBERAÇÃO DA PRODUÇÃO, 78

QUESTÕES PARA REVISÃO, 79

REFERÊNCIAS, 81

Capítulo 5
CONTROLE DA PRODUÇÃO, 83

5.1 CONCEITO DE CONTROLE DA PRODUÇÃO, 84

5.2 FINALIDADES DO CONTROLE DA PRODUÇÃO, 85

5.2.1 Desafios do controle da produção, 85

5.3 FASES DO CONTROLE DA PRODUÇÃO, 86

5.4 MÉTODOS DE CONTROLE DA PRODUÇÃO, 88

5.5 PRINCIPAIS TIPOS DE CONTROLE DA PRODUÇÃO, 89

5.5.1 Controle do plano de produção, 89

5.5.2 Controle das quantidades produzidas, 91

5.5.3 Controle de estoques, 91

5.5.4 Controle das datas de término, 92

QUESTÕES PARA REVISÃO, 93

Capítulo 6
CONTROLE DE ESTOQUES, 95

6.1 CONCEITO DE ESTOQUE, 96

6.2 TIPOS DE ESTOQUE, 97

6.3 SISTEMAS DE CONTROLE DE ESTOQUES, 98

6.3.1 Sistema de duas gavetas ou de estoque mínimo, 99

6.3.2 Sistema de renovação periódica, 99

6.3.3 Sistema de estoque para fim específico, 100

6.4 FICHAS DE ESTOQUE, 100

6.5 CLASSIFICAÇÃO DE ESTOQUE, 104

6.6 DIMENSIONAMENTO DE ESTOQUE, 106

6.6.1 Dimensionamento pela prática, 106

6.6.2 Dimensionamento por técnicas matemáticas, 107

6.7 LOGÍSTICA, 108
6.8 CADEIA DE SUPRIMENTOS, 109
QUESTÕES PARA REVISÃO, 109

REFERÊNCIAS, 113

ÍNDICE ALFABÉTICO, 115

1 PRODUÇÃO

O QUE VEREMOS ADIANTE

- As empresas.
- Mercadorias e serviços.
- Sistemas de produção.
- Fatores de produção e recursos empresariais.
- Capital financeiro e capital econômico.
- Questões para revisão.

Vivemos em uma sociedade de organizações. O mundo moderno é constituído de organizações. Isso significa que nascemos em organizações, crescemos em organizações, aprendemos em organizações, fazemos esportes e lazer em organizações, trabalhamos em organizações e até para morrermos dependemos delas. Quase tudo – se não tudo – é projetado, criado, produzido e distribuído por organizações. Elas são tão numerosas e diversificadas que quase não percebemos sua presença: indústrias, comércio, escolas e universidades, empresas financeiras, clubes, repartições públicas, empresas estatais, exército, igreja, hospitais etc. Na prática, as organizações existem para produzir alguma coisa e disponibilizá-la para a sociedade. A produção é o objetivo fundamental de toda e qualquer organização.

1.1 AS EMPRESAS

As empresas também são organizações. Na realidade, as empresas são organizações sociais porque são compostas de pessoas que trabalham em conjunto. Uma melhor definição diria que as empresas são organizações sociais que utilizam recursos e competências específicos para atingir determinados objetivos. Elas exploram um determinado negócio visando a determinado objetivo. O objetivo pode ser o lucro ou simplesmente o atendimento de determinadas necessidades da sociedade (como nas empresas não lucrativas), sem a preocupação com o lucro.

As empresas nascem, crescem e até podem morrer, como qualquer organismo vivo. Na medida em que são bem-sucedidas em relação a seus objetivos, as empresas tendem a sobreviver. Se o sucesso é maior, elas tendem a crescer. Sobrevivência e principalmente crescimento são sinais de sucesso empresarial.

As empresas podem ser classificadas de acordo com alguns atributos: sua propriedade, seu tamanho e seu tipo de produção.

Aumente seus conhecimentos sobre **A empresa é um conjunto de processos** na seção *Saiba mais IPCP* 1.1

1.1.1 Classificação quanto à propriedade

Quanto ao proprietário, isto é, quanto a quem detém o poder de comando e decisão, as empresas são classificadas em:

- **Empresas estatais**: são de propriedade do Estado. Constituem o chamado setor público e seu objetivo é o bem-estar social. Por isso, são empresas não lucrativas, voltadas para o benefício da sociedade em geral. Exemplos: Caixa Econômica Federal, as Caixas Econômicas estaduais etc.
- **Empresas privadas**: são de propriedade de particulares. Fazem parte da iniciativa privada e constituem o chamado setor privado. Seu principal objetivo é o lucro. Exemplos: Banco Itaú, Volkswagen, General Motors, Pão de Açúcar etc.
- **Empresas mistas**: são as sociedades por ações de participação pública e privada, simultaneamente. Geralmente, a União, o Estado ou o município são os sócios majoritários, detendo a maioria das ações e, portanto, o controle acionário e administrativo. São empresas que prestam serviços de utilidade pública. Exemplos: Petrobras, Banco do Brasil etc.

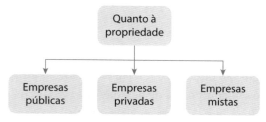

Figura 1.1 Classificação das empresas quanto à propriedade.

1.1.2 Classificação quanto ao tamanho

O tamanho representa o porte da empresa e o volume de recursos de que ela dispõe para suas atividades. Quanto ao tamanho, as empresas podem ser classificadas em:

- **Empresas grandes**: são aquelas de grande porte e de enorme volume de recursos (tamanho das instalações, volume de capital envolvido, número de empregados). Essas empresas, em geral, possuem mais de quinhentos empregados. Exemplos: Vale, Banco Itaú, Petrobras etc.

- **Empresas médias**: são aquelas de porte intermediário e de volume razoável de recursos. Possuem de cinquenta a quinhentos empregados. As empresas médias são conhecidas em sua região, mas praticamente desconhecidas em nível nacional ou global.

- **Empresas pequenas**: são aquelas de pequeno porte, pequeno volume de recursos e com um número de empregados inferior a cinquenta. Na pequena empresa, ocorre um fenômeno interessante: o administrador – geralmente o proprietário – enfeixa o comando de todas as diferentes áreas funcionais da empresa (como a área comercial, de produção, financeira, de pessoal), não havendo um segundo nível diretivo para essas responsabilidades. As empresas pequenas, quando menores, podem ser chamadas de miniempresas: é o caso de empresas com menos de dez empregados. Quando menores ainda, são denominadas microempresas. Há até o caso das chamadas empresas individuais, formadas por microempreendedores, daí seu nome de Microempreendedor Individual (MEI): são empresas com apenas uma pessoa, podendo ter somente um funcionário, a qual oferece seus serviços não como profissional, mas como pessoa jurídica. São enormes a quantidade e a diversidade das pequenas empresas.

Quadro 1.1 As dez maiores empresas do Brasil, por receita lucro e receita líquida, com base na Economatica[1]

Empresas com maiores lucros em 2021 (R$ bilhões)	Maiores empresas do Brasil em Receita Líquida em 2021 (R$ bilhões)
Petrobras	Vale
JBS	Petrobras
Vale	Itaú
Raízen	Bradesco
Vibra (ex BR Distribuidora)	JBS

(continua)

(continuação)

Empresas com maiores lucros em 2021 (R$ bilhões)	Maiores empresas do Brasil em Receita Líquida em 2021 (R$ bilhões)
Ultrapar	Banco Brasil
Braskem	Gerdau
Marfrig	Santander Brasil
Gerdau	Brasken
Carrefour Brasil	Ambev

Figura 1.2 Classificação das empresas quanto ao tamanho.

1.1.3 Classificação quanto ao tipo de produção

Quanto ao que produzem, as empresas podem ser classificadas em:

- **Empresas primárias ou extrativas**: são aquelas que desenvolvem atividades extrativas, como as agrícolas, pastoris, de pesca, de mineração, de prospecção e extração de petróleo, as salinas etc. São chamadas primárias porque se dedicam basicamente à obtenção e extração de matérias-primas, o elemento primário de toda a produção.

- **Empresas secundárias ou de transformação**: são aquelas que processam as matérias-primas e as transformam em produtos acabados. São as empresas produtoras de bens (ou mercadorias), isto é, de produtos tangíveis ou manufaturados. Aqui se incluem as indústrias em geral, quaisquer que sejam seus produtos finais.

- **Empresas terciárias ou prestadoras de serviços**: são aquelas que executam e prestam serviços especializados. Aqui se incluem os bancos, as financeiras, o comércio em geral, os hospitais, as escolas e universidades, os serviços de comunicação (rádio, TV, imprensa, telefonia, internet etc.) e toda a extensa gama de serviços realizados por profissionais liberais (como advogados, contabilistas, engenheiros, médicos, dentistas, consultores etc.).

Figura 1.3 Classificação das empresas quanto ao tipo de produção.

A participação das empresas terciárias no Produto Nacional Bruto brasileiro é percentualmente menor do que a das empresas primárias e secundárias. Todavia, a quantidade de empresas terciárias sobrepuja de longe a quantidade de empresas primárias e secundárias.

As três classificações aqui apresentadas não se excluem. Ao contrário, elas se completam e se interpenetram. Assim, pode haver uma empresa pública, grande e terciária, como a Telebras; ou uma empresa privada, grande e secundária, como a Ford; ou uma empresa mista, grande e simultaneamente primária (extrativa e prospectiva), secundária (refinadora) e terciária (distribuidora), como a Petrobras.

 Acesse conteúdo sobre **As empresas na era digital** na seção *Tendências em IPCP* 1.1

1.2 MERCADORIAS E SERVIÇOS

Verificamos que as empresas podem ser classificadas quanto ao tipo de produção em empresas primárias (ou extrativas), secundárias (ou de transformação) e terciárias (ou prestadoras de serviços). Essa classificação ainda pode ser desdobrada. Em outros termos, as empresas primárias e secundárias produzem bens (ou mercadorias), enquanto as empresas terciárias produzem serviços.

Bem ou mercadoria é um produto físico e tangível. Algo que se pode ver, manipular ou usar. Os bens podem ser destinados ao consumo ou à produção de outros bens. Quando destinados ao consumo (bens de consumo), isto é, ao mercado consumidor, são comercializados pelo comércio, pelas lojas, pelos supermercados etc. Os bens de consumo podem ser duráveis (quando têm uma existência relativamente longa, como automóveis, eletrodomésticos, roupas etc.) ou perecíveis (quando têm uma durabilidade relativamente curta, como hortifrutigranjeiros, laticínios com prazo curto de utilização, a maioria dos alimentos etc.).

Quando destinados à produção de outros bens ou serviços, são chamados bens de produção. É o caso de máquinas e equipamentos, tornos, prensas, teares, escavadeiras, ônibus etc. São bens que permitem a produção de outros bens ou serviços. Os bens de produção recebem o nome de bens de capital quando integram o patrimônio da empresa.

Muitas vezes, um mesmo bem pode ser dirigido ao consumo ou à produção. É o caso, por exemplo, de um computador que pode ser comprado por um usuário comum para seu próprio uso ou diversão (bem de consumo) ou ainda ser comprado para integrar o escritório de uma empresa (bem de produção). Também é o caso de um automóvel que pode ser comprado para atender ao bem-estar de um consumidor (bem de consumo) ou para ser utilizado como táxi (bem de produção). O importante é que os bens de consumo são destinados ao mercado consumidor por meio de canais de distribuição específicos, enquanto os bens de produção são destinados ao mercado empresarial por meio de outros canais de distribuição.

Além dos bens, as empresas podem produzir serviços, como é o caso das escolas e universidades, os escritórios de advocacia, de engenharia, de contabilidade, de propaganda e publicidade, os hospitais, os bancos e as financeiras, as lojas e o comércio em geral, as exportadoras etc. Serviços são atividades especializadas imprescindíveis à vida das pessoas, das empresas e da sociedade em geral.

Bens (mercadorias) ou serviços (atividades especializadas) são os produtos (resultados) das empresas em consequência de suas atividades e operações de produção. Assim, a produção é a atividade de produzir, enquanto o produto/serviço é o resultado dessa atividade produtiva. Tanto quanto as organizações, as empresas existem para produzir alguma coisa. Seja produzindo bens, seja prestando serviços, as empresas utilizam sistemas de produção, os quais serão analisados a seguir.

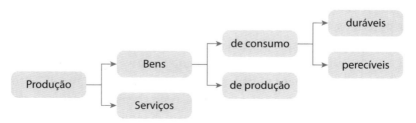

Figura 1.4 A produção de bens ou de serviços.

Acesse conteúdo sobre **Serviços em alta** na seção *Tendências em IPCP 1.2*

1.3 SISTEMAS DE PRODUÇÃO

Para alguns autores, as empresas são compreendidas como sistemas. Um sistema pode ser definido como um conjunto de partes inter-relacionadas que existem para atingir um determinado objetivo. Cada parte do sistema pode ser um órgão, um departamento ou um subsistema. Em outras palavras, todo sistema é constituído de vários subsistemas.

Todo sistema faz parte integrante de um sistema maior (o suprassistema ou macrossistema). Dependendo da focalização que se queira utilizar, uma empresa pode ser considerada um sistema composto de vários departamentos (subsistemas) e fazer parte de um sistema maior, que é a própria sociedade da qual faz parte. Assim, qualquer sistema pode ser considerado um subsistema de um sistema maior ou um macrossistema constituído de vários sistemas, de acordo com o interesse da focalização.

As inter-relações entre as partes são as comunicações ou interdependências.

Os sistemas podem ser classificados em sistemas fechados ou abertos. Os sistemas fechados (ou mecânicos) funcionam dentro de relações predeterminadas de causa e efeito (modo determinístico) e mantêm um intercâmbio também predeterminado com o ambiente. Determinadas entradas produzem determinadas saídas, como é o caso das máquinas e dos equipamentos: uma certa quantidade de entrada de matérias-primas produz uma determinada saída de produtos acabados. Nos sistemas fechados, existem poucas entradas e saídas, que são bem conhecidas e determinadas. Todos os mecanismos tecnológicos são sistemas fechados.

Os sistemas abertos (ou orgânicos) funcionam dentro de relações de causa e efeito desconhecidas e indeterminadas (de modo probabilístico) e mantêm um intercâmbio intenso, complexo e indeterminado com o ambiente. Nos sistemas abertos, existe uma infinidade de entradas e de saídas não muito bem conhecidas e indeterminadas, o que provoca a complexidade e a dificuldade de mapear o sistema.

Figura 1.5 A empresa como um sistema aberto.

Aumente seus conhecimentos sobre **Origem do conceito de sistemas e suas características** na seção *Saiba mais IPCP* 1.2

Na realidade, as empresas são sistemas abertos em constante intercâmbio com seu ambiente. Elas importam recursos do ambiente por meio de suas entradas, processam e transformam esses recursos e exportam o resultado desse processamento e transformação de volta ao ambiente por meio de suas saídas. A relação entradas/saídas fornece a indicação de eficiência do sistema. Isso significa que quanto maior for o volume de saídas para um determinado volume de entradas, mais eficiente será o sistema. Por sua vez, a eficácia do sistema reside na relação entre suas saídas e o alcance dos objetivos que o sistema almeja. Isso significa que quanto mais as saídas alcançarem os objetivos propostos, mais eficaz será o sistema.

Vimos que cada sistema é constituído de várias partes, isto é, de vários subsistemas. Imaginemos uma indústria (empresa secundária) que se dedica à produção de tecidos. Seu sistema de produção poderia ser entendido como um sistema constituído dos seguintes subsistemas (ou seções), como apresentado na Figura 1.6.

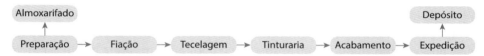

Figura 1.6 Os subsistemas do sistema de produção de uma empresa têxtil.

Cada subsistema tem suas entradas e saídas, de tal modo que as saídas de um subsistema constituem as entradas do subsistema seguinte, e assim por diante. Existe uma interdependência entre os diversos subsistemas, fazendo com que cada um dependa do outro para poder funcionar.

Figura 1.7 Os subsistemas do sistema de produção de uma empresa fabricante de peças plásticas.

Da mesma forma, há também uma interdependência entre os diversos sistemas. A empresa depende de vários fornecedores para garantir suas entradas e depende dos clientes e consumidores para garantir suas saídas.

Figura 1.8 A empresa e suas interdependências.

Na realidade, o sistema empresarial pode ser mais bem detalhado se incluirmos nele o almoxarifado de materiais e matérias-primas, o subsistema de produção e o depósito de produtos acabados, conforme Figura 1.9.

Figura 1.9 O almoxarifado, o subsistema de produção e o depósito.

Isso significa que as entradas e os insumos que vêm dos fornecedores ingressam no sistema empresarial pelo almoxarifado de materiais e matérias-primas, sendo ali estocados até sua eventual utilização pelo subsistema de produção. O subsistema de produção processa e transforma os materiais e as matérias-primas em produtos acabados, os quais são estocados no depósito de produtos acabados até sua entrega aos clientes e consumidores. A interdependência entre o almoxarifado, o subsistema produtivo e o depósito é muito grande, fazendo com que qualquer alteração em um deles provoque influências sobre os demais. Trata-se de três subsistemas intimamente inter-relacionados e interdependentes.

Quadro 1.2 A interdependência entre os três subsistemas

	Almoxarifado de matérias-primas	**Subsistema de produção**	**Depósito de produtos acabados**
Função principal	Recebe e estoca matérias-primas e as fornece à produção	Transforma as matérias-primas em produtos acabados	Estoca os produtos acabados e os fornece aos clientes

Passaremos agora a focalizar a produção – e não mais a empresa – como um sistema. Existem três tipos de sistemas de produção: sob encomenda, em lotes e contínua. Vejamos cada um desses três sistemas de produção.

1.3.1 Produção sob encomenda

A produção sob encomenda é o sistema utilizado pela empresa que produz somente após ter recebido um pedido ou encomenda de seus produtos. Após o contrato ou a encomenda de um determinado produto é que a empresa vai produzi-lo. Em primeiro lugar, o produto ou o serviço é oferecido ao mercado. Quando se recebe o pedido ou o contrato, o plano oferecido para a cotação do cliente – como o orçamento preliminar ou a cotação para a concorrência pública ou particular – é então utilizado para se fazer uma análise mais detalhada do trabalho a ser realizado. Essa análise do trabalho envolve:

- Uma lista ou relação de todos os materiais necessários para fazer o trabalho encomendado.

- Uma relação completa do trabalho a ser realizado, dividida em número de horas para cada tipo de trabalho especializado.

- Um plano detalhado de sequência cronológica, indicando quando cada tipo de mão de obra deverá trabalhar **e** quando cada tipo de material deverá estar disponível para ser utilizado.

O caso mais simples de produção sob encomenda é o da oficina ou da produção unitária. É o sistema no qual a produção é feita por unidades ou por pequenas quantidades, cada produto a seu tempo, sendo modificado à medida que o trabalho é realizado. O processo produtivo é pouco padronizado e automatizado. Os trabalhadores utilizam uma variedade de ferramentas e instrumentos. A produção unitária requer habilidades manuais dos trabalhadores, envolvendo o que se chama de operação de mão de obra intensiva, isto é, muita mão de obra e muita atividade artesanal. É o caso da produção de navios, geradores e motores de grande porte, aviões, locomotivas, construção civil e industrial, confecções sob medida etc.

1.3.2 Produção em lotes

A produção em lotes é o sistema de produção utilizado por empresas que produzem uma quantidade limitada de um produto a cada vez. Essa quantidade limitada é denominada lote de produção. Cada lote de produção é dimensionado para atender a um determinado volume de vendas previsto para um

Capítulo 1 – Produção   11

determinado período de tempo. Terminado um lote de produção, a empresa inicia imediatamente a produção de outro lote, e assim por diante. Cada lote recebe um código de identificação. Esse tipo de produção é utilizado por uma infinidade de indústrias, como têxteis, de cerâmica, de motores elétricos etc.

1.3.3 Produção contínua

A produção contínua é o sistema de produção utilizado por empresas que produzem um determinado produto, sem mudanças, por um longo período de tempo. O ritmo de produção é acelerado e as operações são executadas sem interrupção. Como o produto é sempre o mesmo ao longo do tempo, o processo de produção não sofre mudanças e pode ser aperfeiçoado continuamente. É o caso das indústrias fabricantes de automóveis, papel e celulose, cimento, eletrodomésticos (como rádios, televisores, geladeiras etc.), enfim, produtos que são mantidos em linha durante muito tempo.

Quadro 1.3 Os três sistemas de produção – suas entradas e saídas

Sistema de produção	Almoxarifado de matérias-primas	Subsistema de produção	Depósito de produtos acabados
Produção sob encomenda	O estoque é planejado após receber o pedido, não havendo nenhum estoque prévio	Produção planejada somente após receber o pedido ou a encomenda	Não há necessidade de estoque, pois o produto é entregue imediatamente após ter sido produzido
Produção em lotes	Estoque planejado em função de cada lote de produção	Produção planejada em função de cada lote de produção	Estoque planejado em função de cada lote de produção
Produção contínua	Estoque planejado e programado com antecipação	Estoque planejado e programado com antecipação	Estoque planejado e programado com antecipação

O sistema de produção sob encomenda (seja produção unitária, seja do tipo oficina) impõe um baixo grau de previsão de resultados, pois há muitas modificações no processo e incerteza a respeito da sequência de cada trabalho. No outro extremo, o sistema de produção contínua permite um elevado grau de previsibilidade dos resultados operacionais, pois o processo de produção é sempre o mesmo e nunca muda, sabendo-se de antemão o resultado da produção ao longo do tempo, seja no mês, seja no ano. O sistema de produção em lotes fica entre aqueles dois extremos em termos de previsibilidade de produção. Em muitos casos, certas empresas apresentam misturas desses sistemas de produção, com dosagens que variam muito. Obviamente, como veremos mais adiante neste livro, cada um desses sistemas produtivos apresenta suas vantagens e desvantagens no que se refere a planejamento e controle da produção.

Quadro 1.4 Os três sistemas de produção e suas características

Sistema de produção	Tecnologia utilizada	Resultado da produção
Produção sob encomenda (produção unitária ou oficina)	Habilidade manual ou operação de ferramentas Artesanato Pouca padronização e automatização Mão de obra intensiva e especializada	Produção em unidades Pouca previsibilidade dos resultados e incerteza quanto à sequência das operações
Produção em lotes	Máquinas agrupadas em baterias do mesmo tipo (seções ou departamentos). Mão de obra intensiva e barata, utilizada com regularidade	Produção em lotes e em quantidade conforme cada lote Razoável previsibilidade dos resultados Certeza quanto à sequência das operações
Produção contínua	Processamento contínuo por meio de máquinas especializadas e padronizadas, dispostas linearmente Padronização e automação Tecnologia intensiva, pessoal especializado	Produção contínua e em grande quantidade Forte previsibilidade dos resultados Certeza quanto à sequência das operações

Aumente seus conhecimentos sobre **A otimização dos processos** na seção *Saiba mais IPCP* 1.3

1.4 FATORES DE PRODUÇÃO E RECURSOS EMPRESARIAIS

Os economistas salientam que todo processo produtivo depende de três fatores de produção: natureza, capital e trabalho, que são integrados por um quarto fator denominado empresa. A natureza fornece os insumos necessários, as matérias-primas, a energia etc. O capital fornece o dinheiro necessário para comprar os insumos e pagar os empregados. O trabalho é realizado pela mão de obra que transforma, por meio de operações manuais ou de máquinas e equipamentos, os insumos em produtos acabados ou serviços prestados. A empresa, como fator integrador, garante que a integração dos três fatores de produção seja a mais lucrativa possível.

Figura 1.10 Os quatro fatores de produção.

Em vez de fatores de produção, preferimos, contudo, tratar dos recursos empresariais que lhes correspondem. Um recurso é um meio pelo qual a empresa produz algo. As empresas são dotadas de recursos para poderem funcionar adequadamente. Os recursos empresariais são os seguintes:[2]

- **Recursos materiais ou físicos**: correspondem, grosso modo, ao fator de produção que os economistas denominam natureza. Os recursos materiais ou físicos são os prédios e edifícios, as máquinas e os equipamentos, as instalações, as ferramentas, as matérias-primas, enfim, todos os insumos físicos que ingressam no processo produtivo. Nas indústrias, constituem as fábricas e tudo o que nelas estiver contido. Nas empresas de serviços, constituem os prédios, as instalações, as máquinas, os equipamentos etc.
- **Recursos financeiros**: correspondem, grosso modo, ao fator de produção denominado capital. Os recursos financeiros correspondem ao capital e abrangem as receitas, as contas a receber, o faturamento, o dinheiro em bancos e em caixa, os investimentos, enfim, qualquer forma de dinheiro ou crédito que a empresa possua.
- **Recursos humanos**: correspondem, grosso modo, ao fator de produção denominado trabalho, com a diferença de que englobam todas as pessoas que trabalham na empresa em todos os níveis hierárquicos, desde o presidente até o operário.
- **Recursos mercadológicos**: não têm correspondência com nenhum fator de produção apontado pelos economistas. Os recursos mercadológicos geralmente estão fora da empresa – são os clientes, os consumidores, os usuários dos produtos ou serviços da empresa. Para abordá-los, a empresa utiliza propaganda, promoção, canais de distribuição, equipes de vendas e uma parafernália de meios.
- **Recursos administrativos**: correspondem, grosso modo, ao fator de produção integrador, denominado empresa.

Quadro 1.5 Os recursos empresarias

Recursos	Fator de produção	Terminologia americana	Exemplos
Físicos ou materiais	Natureza	Materials/machinery	Edifícios, prédios, máquinas, equipamentos, instalações, matérias-primas etc.
Financeiros	Capital	Money	Capital, dinheiro, crédito, financiamento, caixa etc.
Humanos	Trabalho	Man	Todas as pessoas, do presidente ao operário
Mercadológicos	–	Marketing	Clientes e usuários e os meios de influenciá-los; propaganda, vendas, promoções etc.
Administrativos	Empresa	Management	Planejamento, organização, direção e controle

A terminologia americana utilizada para representar os recursos empresariais é composta dos cinco M: *materials/machinery, money, man, marketing* e *management*.

Na prática, os recursos empresariais são administrados por diferentes áreas da empresa, conforme demonstra o Quadro 1.6.

Quadro 1.6 Os recursos empresariais e sua administração na empresa

Recursos empresariais	Área de especialização
Materiais ou físicos	Administração da produção ou operações
Financeiros	Finanças ou administração financeira
Humanos	Administração de pessoas/recursos humanos
Mercadológicos	Administração de marketing ou comercial
Administrativos	Administração geral ou presidência

Assim, é muito comum que as áreas da empresa sejam colocadas de forma abreviada no organograma, como apresentado na Figura 1.11.

Figura 1.11 As principais áreas da empresa.

Obviamente, a disposição apresentada na Figura 1.11 peca pela simplificação exagerada, mas reflete as principais áreas de atividade que existem dentro da empresa moderna. Cada empresa tende a reforçar a área que lhe é mais problemática ou onde lida com o recurso mais escasso e difícil.

Da mesma forma, cada empresa tende a dar menor reforço e menor atenção à área que lhe é menos problemática ou onde lida com o recurso mais fácil.

Como veremos adiante, o planejamento e o controle da produção estão quase sempre vinculados à área de produção ou de operações da empresa.

A Figura 1.12 mostra essa vinculação do planejamento e controle da produção (PCP) à área de produção.

Figura 1.12 A subordinação do PCP à área de produção da empresa.

 Aumente seus conhecimentos sobre **Recursos como estratégia competitiva** na seção *Saiba mais IPCP* 1.4

1.5 CAPITAL FINANCEIRO E CAPITAL ECONÔMICO

Mencionamos anteriormente os recursos empresariais e fizemos uma clara distinção entre os recursos financeiros e os materiais. Ocorre que ambos fazem parte do patrimônio da empresa. Enquanto boa parte dos recursos financeiros é disponibilizada por meio do capital de giro necessário para garantir as operações da empresa, quase sempre os recursos materiais fazem parte do ativo imobilizado. Assim, os recursos financeiros formam o capital financeiro da empresa, enquanto os recursos materiais – com seus prédios, edifícios, máquinas, equipamentos etc. – formam o capital econômico da empresa. Tanto o capital financeiro como o capital econômico são avaliados em moeda corrente do país.

QUESTÕES PARA REVISÃO

1. Defina organização.
2. O que se pretende dizer com sociedade de organizações?
3. Defina organização social.
4. Qual é o papel das organizações?
5. Defina empresa.
6. Classifique as empresas quanto a sua propriedade.
7. Classifique as empresas quanto a seu tamanho.
8. Classifique as empresas quanto ao tipo de produção.
9. Defina bem ou mercadoria.
10. Defina serviço.
11. Qual é a diferença entre bens de consumo e bens de produção?
12. Quando um bem de produção é denominado bem de capital?
13. O que é um sistema?
14. O que é um macrossistema e um subsistema?
15. O que é um sistema fechado ou mecânico?
16. O que é um sistema aberto ou orgânico?
17. Por que as empresas são sistemas abertos?
18. Quais são os principais sistemas de produção?
19. Defina sistema de produção sob encomenda.
20. Defina sistema de produção em lotes.
21. Defina sistema de produção contínua.
22. Caracterize a previsão de resultados em cada um dos sistemas de produção.
23. O que são fatores de produção?
24. O que são recursos?
25. Quais são os principais recursos empresariais?
26. A que áreas correspondem os principais recursos empresariais?
27. Defina recursos materiais ou físicos.
28. Defina recursos financeiros.
29. Defina recursos humanos.
30. Defina recursos mercadológicos.

31. Defina recursos administrativos.

32. Como a terminologia americana pode explicar os recursos empresariais?

33. Faça a correspondência entre fatores de produção e recursos empresariais.

34. A que área da empresa está subordinado o órgão de PCP?

35. O que é capital financeiro?

36. O que é capital econômico?

REFERÊNCIAS

1. ALVARENGA, D. Quais são as maiores empresas do Brasil em receita, lucro e valor de mercado? *G1 Economia*. Disponível em: https://g1.globo.com/economia/noticia/2022/04/01/quais-sao-as-maiores-empresas-do-brasil-em-receita-lucro-e-valor-de-mercado.ghtml. Acesso em: 04 jul. 2022.

2. CHIAVENATO, I. *Recursos Humanos*: o capital humano das organizações. 11. ed. São Paulo: Atlas, 2020.

2 PLANEJAMENTO E CONTROLE DA PRODUÇÃO

O QUE VEREMOS ADIANTE

- Conceito de planejamento e controle de produção (PCP).
- Finalidade e funções do planejamento e controle de produção.
- Princípios fundamentais do planejamento e controle de produção.
- Sistemas de planejamento e controle de produção.
- Fases do planejamento e controle de produção.
- *Material requirement planning* e *Material requirement planning II*.
- Questões para revisão.

Para atingir seus objetivos e aplicar adequadamente seus recursos, as empresas não produzem ao acaso. Nem funcionam de improviso. Elas precisam planejar antecipadamente e controlar de forma adequada sua produção. Para isso, existe o planejamento e controle da produção (PCP), que visa aumentar a eficiência e a eficácia da empresa.

Existe uma enorme diferença entre eficiência e eficácia.[1] A eficiência ocorre quando se utilizam adequadamente os recursos empresariais, enquanto a eficácia significa o alcance dos objetivos propostos pela empresa. Em suma, a eficiência está ligada aos meios – métodos, normas, procedimentos e programas – e a eficácia se relaciona aos fins – objetivos a serem alcançados. A eficiência reside em fazer as coisas corretamente, enquanto a eficácia consiste em fazer as coisas que são importantes. Nem sempre a eficiência e a eficácia andam de mãos dadas. Uma empresa pode ser eficiente, mas não eficaz; ou pode não ser eficiente, mas ser eficaz. No entanto, a eficácia seria ainda melhor se fosse também eficiente. O ideal seria uma empresa eficiente e eficaz ao mesmo tempo.

Quadro 2.1 Eficiência e eficácia

Eficiência	Eficácia
Ênfase nos meios	Ênfase nos fins
Preocupação com métodos e procedimentos	Preocupação com resultados
Melhor aplicação dos recursos	Melhor alcance dos objetivos
Executar corretamente uma tarefa	Executar a tarefa que é mais importante
Resolver problemas	Atingir objetivos
Jogar bem futebol	Marcar gols
Estudar muito e não faltar	Passar de ano

É muito comum falar em eficiência da máquina (*machine efficiency*). Na linguagem de PCP, a eficiência da máquina (E) é medida pela equação:
$E = x/c$

onde: x = uso real da máquina,
c = capacidade da máquina.

A eficiência, entretanto, é apenas uma parte do sucesso das empresas. O leitor deve ter sempre em mente que a eficiência e a eficácia são os aspectos que devem conjuntamente balizar o trabalho do PCP.

 Aumente seus conhecimentos sobre **Indicadores de desempenho** na seção *Saiba mais IPCP* 2.1

2.1 CONCEITO DE PLANEJAMENTO E CONTROLE DE PRODUÇÃO

O planejamento é a função administrativa que determina antecipadamente quais os objetivos a serem atingidos e o que deve ser feito para atingi-los da melhor maneira possível. O planejamento está voltado para a continuidade da empresa e focaliza o futuro. Sua importância reside nisto: sem o planejamento a empresa fica perdida no caos. Assim, partindo da fixação dos objetivos a serem alcançados, o planejamento determina *a priori* o que se deve fazer, quando fazer, quem deve fazê-lo e de que maneira. Ele é feito na base de um conjunto de planos.

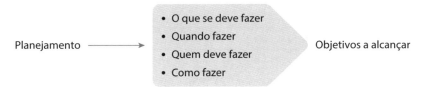

Figura 2.1 O planejamento e seus desdobramentos.

Por sua vez, o controle é a função administrativa que consiste em medir e corrigir o desempenho para assegurar que os planos sejam executados da melhor maneira possível. A tarefa do controle é verificar se tudo está sendo feito de acordo com o que foi planejado e organizado, conforme as ordens dadas, para identificar os erros ou desvios, a fim de corrigi-los e evitar sua repetição.

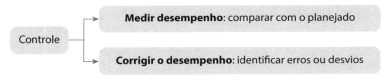

Figura 2.2 O controle e seus desdobramentos.

O planejamento constitui a primeira etapa do processo administrativo, e o controle, a última.[2]

Figura 2.3 As quatro etapas do processo administrativo.

Ambas as definições apresentadas – de planejamento e de controle – são genéricas, mas ilustram muito bem seu significado. No caso específico da produção, o PCP planeja e controla as atividades produtivas da empresa. Se a empresa é produtora de bens ou mercadorias, o PCP planeja e controla a produção desses bens ou mercadorias, cuidando das matérias-primas necessárias, da quantidade de mão de obra, das máquinas e dos equipamentos e do estoque de produtos acabados disponíveis no tempo e no espaço, para a área de vendas efetuar as entregas aos clientes. Se a empresa é produtora de serviços, o PCP planeja e controla a produção desses serviços, cuidando da quantidade de mão de obra necessária, das máquinas e dos equipamentos, dos demais recursos necessários, para a oferta dos serviços no tempo e no espaço, a fim de atender à demanda dos clientes e usuários.

Partindo dos objetivos da empresa, o PCP planeja e programa a produção e as operações da empresa, bem como as controla adequadamente, para tirar o melhor proveito possível em termos de eficiência e eficácia.

PARA REFLEXÃO

O imponderável

Fatos inesperados podem pôr o planejamento em maus lençóis. O desconhecido, o incerto, o imprevisível – os chamados cisnes negros, expressão que lembra o susto dos primeiros ornitólogos que visitaram a Austrália no século XVII e encontraram cisnes que não eram brancos – são aspectos que podem jogar por terra o melhor planejamento. Nassim N. Taleb[3] lembra que nossa consciência está programada e obedece a uma lógica perversa: somos capazes de aprender apenas o que já sabemos, sempre a partir de fatos concretos. Ao desprezar o que é abstrato e desconhecido, acabamos por mergulhar no escuro. Para escapar dessa armadilha, precisamos aceitar viver em um mundo de incertezas e insegurança, e lutar contra a padronização do pensamento. Isso impõe que se deve manter o hábito de questionar estruturas de pensamento e atitudes. Devemos pensar "fora da caixa".

 Aumente seus conhecimentos sobre **Nada na empresa pode ser ao acaso** na seção *Saiba mais IPCP 2.2*

2.2 FINALIDADE E FUNÇÕES DO PLANEJAMENTO E CONTROLE DE PRODUÇÃO

Como já vimos, a finalidade do PCP é aumentar a eficiência e a eficácia do processo produtivo da empresa. Trata-se, portanto, de uma dupla finalidade: atuar sobre os meios de produção com o propósito de aumentar a eficiência e cuidar para que os objetivos de produção sejam plenamente alcançados a fim de aumentar a eficácia.

Para atender a essa dupla finalidade, o PCP tem de planejar a produção e controlar seu desempenho. De um lado, o PCP estabelece antecipadamente o que a empresa deverá produzir – e consequentemente o que deverá dispor de matérias-primas e materiais, de pessoas, de máquinas e equipamentos, bem como de estoques de produtos acabados para suprir as vendas. De outro, o PCP monitora e controla o desempenho da produção em relação ao que foi planejado, corrigindo eventuais desvios ou erros que possam surgir. O PCP atua antes, durante e depois do processo produtivo. Antes, planejando o processo produtivo, programando materiais, máquinas, pessoas e estoque. Durante e depois, controlando o funcionamento do processo produtivo para mantê-lo de acordo com o que foi planejado. Assim, o PCP assegura a obtenção da máxima eficiência e eficácia do processo de produção da empresa.

Ao desenvolver suas funções, o PCP mantém uma rede de relações com as demais áreas da empresa. As inter-relações entre o PCP e as demais áreas da empresa se devem ao fato de que o PCP procura utilizar racionalmente os recursos empresariais: materiais, humanos, financeiros etc. Assim, as principais inter-relações do PCP com as demais áreas da empresa são as seguintes:

- **Com a área de engenharia industrial**: o PCP programa o funcionamento de máquinas e equipamentos e baseia-se em boletins de operações (BO) fornecidos pela engenharia industrial. Por sua vez, a engenharia industrial programa a paralisação de máquinas e equipamentos para manutenção e reparos.

- **Com a área de suprimentos e compras**: o PCP programa materiais e matérias-primas que devem ser obtidos no mercado fornecedor pelo órgão de compras e estocados pelo órgão de suprimentos. Assim, a área de suprimentos e compras funciona com base naquilo que é planejado pelo PCP.

- **Com a área de recursos humanos**: o PCP programa a atividade da mão de obra, estabelecendo a quantidade de pessoas que devem trabalhar no processo de produção. O recrutamento, a seleção e o treinamento do pessoal são atividades estabelecidas em função do PCP.

- **Com a área financeira**: o PCP se baseia nos cálculos financeiros fornecidos pela área financeira para estabelecer os níveis de estoques de matérias-primas e de produtos acabados, além dos lotes econômicos de produção.

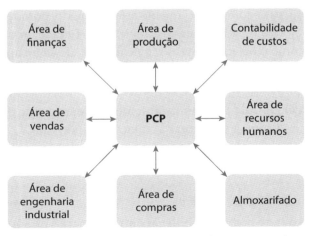

Figura 2.4 As inter-relações do PCP com as demais áreas da empresa.

- **Com a área de vendas**: o PCP se baseia na previsão de vendas fornecida pela área de vendas, para elaborar o plano de produção da empresa e planejar a quantidade de produtos acabados necessária para suprir as entregas aos clientes. À medida que a previsão de vendas sofre alterações em função do comportamento do mercado, o PCP altera também o plano de produção e seus desdobramentos.

- **Com a área de produção**: o PCP planeja e controla a atividade da área de produção, o que significa que essa área funciona de acordo com o que é planejado e programado pelo PCP.

2.3 PRINCÍPIOS FUNDAMENTAIS DO PLANEJAMENTO E CONTROLE DE PRODUÇÃO

A administração se baseia em princípios e não em leis. Se ela fosse uma ciência exata, poderia se dedicar ao estudo das leis que regem as coisas. Contudo, a administração é uma ciência que lida com fenômenos sociais e humanos e, portanto, sujeitos a uma enorme variabilidade. Daí dedicar-se ao estudo de princípios gerais e fundamentais que explicam fenômenos típicos de sistemas abertos. Também o PCP se baseia em princípios fundamentais e não em leis. Quando trata do planejamento da produção, o PCP utiliza os princípios fundamentais do planejamento e, quando trata do controle da produção, utiliza os princípios fundamentais do controle.[4]

Os princípios que regem o planejamento são:

- **Princípio da definição do objetivo**: o objetivo deve ser definido de forma clara e concisa, para que o planejamento seja adequado, porque este é feito em função do objetivo que se pretende atingir. A finalidade do planejamento é determinar como o objetivo deverá ser alcançado. Dessa forma, se o objetivo não for claramente definido, o planejamento será muito vago e dispersivo. No fundo, o planejamento constitui o meio para alcançar o objetivo definido.

- **Princípio da flexibilidade do planejamento**: o planejamento deve ser flexível e elástico a fim de poder se adaptar a situações imprevistas.

Em outras palavras, como o planejamento se refere ao futuro, sua execução deve permitir certa flexibilidade e adaptação a situações que podem sofrer alterações imprevistas.

Os princípios que regem o controle são:

- **Princípio do objetivo**: o controle deve contribuir para o alcance dos objetivos por meio da indicação dos erros ou das falhas, em tempo hábil para permitir ação corretiva oportuna.

- **Princípio da definição dos padrões**: o controle deve basear-se em padrões bem definidos. Geralmente, os padrões são definidos no planejamento, ou seja, antes da execução dos trabalhos, e devem claramente servir de critério para o futuro desempenho.
- **Princípio da exceção**: esse princípio de controle foi formulado originalmente por Taylor, um dos precursores da moderna administração. Taylor considerava que a atenção do administrador não deve se espaldar demais sobre as coisas que andam bem. Ao contrário, o administrador precisa estar atento às coisas que andam mal, ou seja, às execuções. Diz esse princípio que o controle deve se concentrar exclusivamente sobre as situações excepcionais, isto é, sobre os desvios mais importantes, e não sobre as coisas normais.
- **Princípio da ação**: o controle somente se justifica quando proporciona ação corretiva sobre desvios ou falhas apontados. Isso significa que de nada adianta um controle que não indique providência a tomar ou falhas a resolver. Se o controle não conduz a nada, então é melhor eliminá-lo.

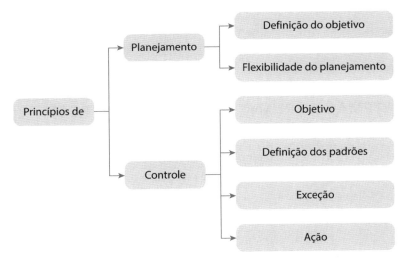

Figura 2.5 Os princípios fundamentais do PCP.

O cuidado na aplicação desses princípios fundamentais é vital para o sucesso do PCP. Em resumo, de pouco vale um PCP que não defina adequadamente os objetivos a serem alcançados e que não possua um mínimo de flexibilidade para poder se adequar às mudanças que ocorrem em seu percurso. De pouco vale também um PCP cujo controle não defina adequadamente os objetivos a serem alcançados, não defina os padrões de avaliação e medição, não detecte as exceções e não permita uma ação corretiva adequada.

> **SAIBA MAIS** Quais são as prioridades do PCP?
>
> O PCP determina de que forma a empresa pode atender a certas prioridades na produção de seus bens e serviços. Quase sempre essas prioridades estão ao redor do custo, da qualidade e da flexibilidade; há autores que acrescentam aspectos como velocidade, consistência, confiabilidade e inovação.[5] Para alguns autores, os principais objetivos envolvidos no PCP são:
> - Qualidade, confiabilidade, custo, flexibilidade.[6]
> - Flexibilidade, entrega, qualidade, custo, introdução de novos produtos.[7]
> - Custo, entrega, qualidade, serviço confiável, flexibilidade de produto, flexibilidade de volume, investimento.[8]
> - Qualidade, velocidade, custo, flexibilidade, confiabilidade.[9]
> - Qualidade, entrega, custo unitário, flexibilidade, inovação.[10]

Acesse conteúdo sobre **Responsabilidade do PCP na sustentabilidade** na seção *Tendências em IPCP 2.1*

2.4 SISTEMAS DE PLANEJAMENTO E CONTROLE DE PRODUÇÃO

O PCP está intimamente relacionado com o sistema de produção adotado pela empresa e dele depende para planejar e controlar a produção. Vimos no capítulo anterior que existem três sistemas de produção: sob encomenda, em lotes e contínua. Cada um desses sistemas de produção exige um sistema específico de PCP. Vejamos cada um desses sistemas de PCP.

2.4.1 Planejamento e controle de produção em produção sob encomenda

É o caso da empresa que apenas produz após ter efetuado um contrato ou pedido de venda de seus produtos. É a encomenda ou o pedido efetuado que vai definir como a produção deverá ser planejada e controlada. O PCP somente vai funcionar após o recebimento da encomenda ou do pedido feito pelo cliente.

As principais características do PCP em produção sob encomenda são as seguintes:

Capítulo 2 – Planejamento e Controle da Produção

- **Cada produto é único e de grande tamanho e complexidade**, exigindo muito tempo para sua produção. É o caso da produção de navios, geradores de grande porte, construção de edifícios, de hidroelétricas, e cada produto é diferente dos demais e de acordo com as características solicitadas pelo cliente. Cada encomenda, cada pedido ou cada contrato costuma ser considerado um produto específico, exigindo sua identificação ao longo de toda a produção. Assim, cada encomenda ou pedido requer um PCP específico. Trata-se, pois, de produção intermitente.

- **Grande variedade de máquinas universais,** de dispositivos de transporte e de equipamentos, bem como uma oficina-base na qual são manufaturadas as partes daquilo que será o produto final, isto é, seus componentes. Por exemplo, a oficina no caso da construção de um navio é o pátio de construção; no caso da construção civil, é o canteiro de obras. No caso de uma empresa de propaganda, é a equipe de trabalho que atende a uma determinada empresa. No caso de um hospital, é a equipe especializada que atende um determinado paciente que se interna.

- **Grande variedade de operários altamente especializados,** capazes de participar de uma das partes do extenso campo de partes que compõem o produto final. Há uma demanda flutuante de mão de obra especializada no local onde o serviço será realizado. Isso significa que eletricistas, soldadores, carpinteiros, marceneiros, encanadores, ferramenteiros, mecânicos etc. nem sempre têm serviço contínuo. O mesmo ocorre com a equipe de propaganda ou com a equipe médica especializada. Há necessidade de datas de entrega que se apliquem aos pedidos individuais e que signifiquem um compromisso de produção. O objetivo primordial do PCP é atender a essas datas, fazendo com que os produtos/serviços sejam entregues dentro dos prazos solicitados pelo cliente.

- **Grande dificuldade para a realização de precisões**, pois cada produto/serviço exige um complexo trabalho que é diferente dos demais. Cada produto/serviço exige um PCP específico.

- **Necessidade de um grupo de administradores e especialistas** altamente competentes como supervisores da oficina-base, capazes de assumir sozinhos todas as atividades de cada contrato ou pedido, como a administração da produção, mão de obra e custos. O sucesso da produção sob encomenda depende muito da habilidade do administrador ou especialista encarregado de cada contrato ou encomenda ou pedido. A eficiente construção do edifício depende muito da habilidade do engenheiro de obras, o atendimento da empresa ao cliente depende muito do supervisor de conta da agência de propaganda, enquanto o atendimento do paciente depende muito do médico-chefe da equipe hospitalar. É vital, portanto, que o PCP seja muito bem compreendido pelos especialistas que irão executá-lo na prática.

2.4.2 Planejamento e controle de produção em produção em lotes

É o sistema de produção utilizado por empresas que produzem uma quantidade limitada de um tipo de produto de cada vez. Essa quantidade limitada é denominada lote de produção. Cada lote de produção exige um PCP específico. Entretanto, ao contrário da produção sob encomenda (na qual o PCP é feito após o pedido ou a encomenda), o PCP é feito antecipadamente e a empresa pode aproveitar melhor seus recursos, com maior grau de liberdade.

As principais características do PCP em produção em lotes são as seguintes:

- **A empresa é capaz de produzir bens/serviços genéricos de diferentes características.** Se se trata de uma indústria têxtil, por exemplo, há uma extensa variedade de tecidos com diferentes características. Cada tipo de tecido é produzido em um lote de produção. Quando essa etapa é concluída, a produção é paralisada, e inicia-se um novo lote com um tecido diferente. O tecido anterior poderá ou não voltar a ser produzido em algum lote futuro. Cada lote é identificado por um número ou código.

- **As máquinas são agrupadas em baterias do mesmo tipo.** O trabalho passa de uma bateria de máquinas para outra em lotes de produção, intermitentemente. Cada bateria de máquinas constitui um departamento ou uma seção. Geralmente ocorre falta de equilíbrio na capacidade de produção dos diferentes departamentos envolvidos. Isso significa que cada departamento tem uma capacidade de produção que nem sempre é igual à dos demais departamentos da empresa. O PCP deve levar em conta esse desequilíbrio entre departamentos, programando turnos de trabalho diferentes para compensá-los por meio de diferentes números de horas trabalhadas. Se a limitação é constituída pelo fator máquina ou equipamento, compensa-se com o fator mão de obra, para regularizar o processo produtivo.

- **Em cada lote de produção, as ferramentas devem ser modificadas e arranjadas** para atender aos diferentes produtos/serviços.

- **A produção em lotes permite uma utilização regular da mão de obra**, sem grandes picos de produção.

- **A produção em lotes exige grandes áreas de estocagem de produtos acabados** e grande estoque de materiais em processamento ou em vias.

- **A produção em lotes impõe um PCP eficiente** para permitir mudanças nos planos de produção, na medida em que os lotes vão sendo completados e novos lotes devem ser planejados. No fundo, o sucesso do processo produtivo depende diretamente do PCP.

2.4.3 Planejamento e controle de produção em produção contínua

A produção contínua é também chamada de produção em série ou em linha. É o sistema utilizado por empresas que produzem um produto em ritmo acelerado, durante longo tempo e sem nenhuma interrupção ou mudança. A produção contínua é possível quando o número de máquinas necessárias para produzir o produto na taxa de tempo exigida é maior que o número de operações detalhadas para sua produção. O PCP em produção contínua coloca cada processo de produção em sequência linear ou em série, para que o material de produção se movimente de uma máquina para outra continuamente e para que, quando completado, seja transportado para o ponto em que ele é necessário para a montagem do produto final. O PCP em produção contínua é feito antecipadamente e pode cobrir maior extensão de tempo. Geralmente, é elaborado para cobrir cada exercício anual e explorar ao máximo as possibilidades dos recursos da empresa, proporcionando condições ideais de eficiência e eficácia.

As principais características do PCP em produção contínua ou em série são as seguintes:

- **Baseia-se em um produto que é mantido em produção durante longo período de tempo e sem mudanças**. O produto é rigidamente especificado quanto a suas características, e o processo de produção é estabelecido em detalhes, o que permite planejar em longo prazo todos os materiais necessários e a mão de obra envolvida.

- **Facilita o planejamento detalhado**, permitindo assegurar a chegada da matéria-prima necessária exatamente na quantidade suficiente e no tempo previsto.

- **Baseia-se em máquinas e ferramentas altamente especializadas e dispostas em formação linear e sequencial** para a produção de cada componente do produto final. Isso assegura um alto grau de padronização de máquinas e ferramentas, de matérias-primas e materiais e de métodos de trabalho.

- **Como a produção contínua é programada para longos períodos, ela permite dividir as operações de montagem em quantidade de trabalho para cada operário**, com base no tempo padrão do ciclo de produção.

- **Permite que as despesas em gabaritos, moldes, ferramentas e dispositivos de produção sejam depreciadas** (recuperadas contabilmente) num período de tempo mais longo, o que proporciona economia nos custos de produção.

- **Facilita medidas para resolver rapidamente qualquer problema de paralisação no processo de produção**, seja por falta de material ou mão de obra, seja por manutenção de máquina.

- **Facilita a verificação diária do rendimento de produção** em todos os pontos do processo produtivo, bem como permite que se faça um inventário regular das matérias-primas e dos materiais disponíveis em estoque.
- **Seu sucesso depende completamente do planejamento detalhado** que deve ser feito antes de a produção iniciar um novo produto.

O Quadro 2.2 apresenta uma ideia genérica das principais características de cada um dos sistemas de produção e suas influências sobre os sistemas de PCP.

Quadro 2.2 Características dos três sistemas de produção

Aspectos principais	Produção sob encomenda	Produção em lotes	Produção contínua
Produto	Um único produto de cada vez	Um lote de produtos de cada vez	Sempre o mesmo produto
Máquinas e equipamentos	Variedade e pouca padronização	Agrupados em baterias do mesmo tipo	Alto grau de padronização
Mão de obra	Variedade e especialização	Compensa o desequilíbrio entre departamentos	Regularmente utilizada
Métodos de trabalho	Mutáveis e genéricos	Mutáveis (com o lote) e rígidos	Fixos e rígidos
Ritmo de produção	Descontínuo e irregular	Contínuo no lote e descontínuo na mudança do lote	Contínuo e regular ao longo do tempo
Sucesso do processo produtivo	Depende do supervisor da oficina-base	Depende do PCP em planejar os lotes de produção	Depende do PCP a longo prazo

Em resumo, os três sistemas de produção constituem gradações diferentes de *continuum* representado pela Figura 2.6.

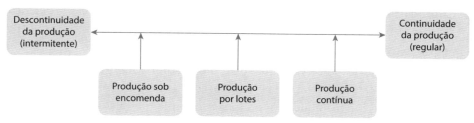

Figura 2.6 Os três sistemas de produção.

Assim, a produção sob encomenda é o sistema em que ocorre maior descontinuidade na produção, enquanto a produção contínua é o sistema no qual há maior continuidade no processo produtivo. A produção por lotes representa o sistema intermediário, em que a continuidade e a descontinuidade se alternam. Isso significa que o PCP é influenciado pela descontinuidade da produção sob encomenda e alcança a máxima regularidade na produção contínua. Na realidade, o PCP é feito sob medida para cada encomenda na produção sob encomenda; é feito por lotes para o conjunto de lotes na produção em lotes; e é feito para o exercício mensal ou anual na produção contínua. O Quadro 2.3 permite uma visão simplificada das três situações.

Quadro 2.3 Os sistemas de produção e de PCP

Sistemas de produção	Almoxarifado de matérias-primas (MP)	Subsistema de produção	Depósito de produtos acabados (PA)
Produção sob encomenda	Planejamento e controle de MP em cada encomenda	Planejamento e controle da produção em cada encomenda	Planejamento e controle de PA em cada encomenda
Produção em lotes	Planejamento e controle de MP em cada lote e no conjunto de lotes	Planejamento e controle da produção em cada lote e no conjunto de lotes	Planejamento e controle de PA em cada lote e no conjunto de lotes
Produção contínua	Planejamento e controle de MP para o exercício mensal ou anual	Planejamento e controle da produção para o exercício mensal ou anual	Planejamento e controle de PA para o exercício mensal ou anual

Nas empresas primárias e secundárias, é fácil definir qual o sistema de produção empregado. O mesmo não ocorre nas empresas terciárias. No hospital, por exemplo, o sistema é de produção sob encomenda, pois cada paciente ingressa no hospital para resolver seu específico problema de saúde. O banco, por exemplo, utiliza o sistema de produção contínua no atendimento a seus clientes. E na escola, o sistema seria de produção em lotes, no qual cada classe seria um lote de produção?

Aumente seus conhecimentos sobre **O PCP nas pequenas empresas** na seção *Saiba mais* IPCP 2.3

2.5 FASES DO PLANEJAMENTO E CONTROLE DE PRODUÇÃO

Para poder funcionar satisfatoriamente, o PCP exige um enorme volume de informações. Na realidade, ele recolhe dados e produz informações incessantemente. Trata-se de um centro de informações para a produção. Nesse sentido, o PCP apresenta três fases principais: projeto de produção, planejamento da produção e controle da produção.

Figura 2.7 As três fases do PCP.

Abordaremos, neste capítulo, a primeira fase (projeto de produção). As demais fases (planejamento da produção e controle da produção) serão tratadas nos capítulos seguintes.

2.5.1 Projeto de produção

Também chamado de pré-produção ou planejamento de operações, o projeto de produção constitui a primeira fase do PCP. Nessa fase, procura-se definir como o sistema de produção funciona e quais suas dimensões, com o propósito de estabelecer os parâmetros do PCP. O projeto de produção é relativamente permanente e sofre poucas mudanças com o tempo, a não ser que ocorram alterações com a aquisição de novas máquinas, novas tecnologias etc. É fundamental entender que todas essas alterações provocarão algum tipo de ajuste no projeto de produção. O projeto de produção constitui um esquema básico que se fundamenta nos seguintes aspectos do sistema de produção da empresa:

- **Quantidade e características das máquinas e dos equipamentos e das baterias de máquina em cada departamento ou seção**, a fim de conhecer a capacidade de produção das máquinas de cada departamento ou seção produtiva da empresa.
- **Quantidade de pessoal disponível**, ou seja, o efetivo de empregados e cargos ocupados em cada departamento ou seção, com o propósito de conhecer a capacidade de trabalho de cada departamento ou seção produtiva. O horário

Capítulo 2 – Planejamento e Controle da Produção

de trabalho e o sistema de incentivos de produção e sua carga adicional de produção são também importantes.

- **Volume de estoques e tipos de matérias-primas**, bem como procedimentos de requisição de materiais ao almoxarifado, para conhecer a disponibilidade de insumos de produção.

- **Características do produto/serviço a ser produzido**, sua composição e lista de materiais que o constituem. A lista de materiais é geralmente acompanhada de um gráfico de explosão do produto, ou seja, um gráfico que mostre as diversas partes que compõem um produto, tal como se elas tivessem explodido dele.

- **Métodos e procedimentos de trabalho**, bem como cálculos dos tempos de execução das tarefas por meio dos boletins de operação (BO), para conhecer como o trabalho deve ser realizado e qual sua duração.

- **Tamanhos dos lotes econômicos de produção**, para conhecer qual o volume de produção ideal a ser realizado de cada vez.

Cada um desses aspectos do sistema de produção da empresa é detalhado por meio de inventários ou relatórios, como mostram os Quadros 2.4, 2.5 e 2.6, e a Figura 2.8.

- **Inventário de máquinas por seção**: proporciona um levantamento das máquinas e dos equipamentos disponíveis em cada seção e sua respectiva capacidade de produção. A capacidade de produção é geralmente definida em quantidade de produção (em peças, metros ou quilogramas) por período (por hora, dia, semana ou mês).

Quadro 2.4 Inventário de máquinas por seção

Seção	Quantidade	Máquinas	Características
Preparação	2	Moedeiras	Pffeifer PF 1000 – 500 kg
	1	Secadeira	Hommans HS 202 – 1 t
	1	Misturadeira	Hommans HE 500 – 1 t
Moldagem	4	Injetoras	Spearman 5 490 – 500 kg
	4	Injetoras	Spearman 900 – 480 kg
	4	Extrusoras	Signet K 20 – 500 kg
Pré-montagem	10	Linhas de montagem	Hoffstede HF 1000

- **Efetivo de pessoal por seção**: proporciona um levantamento dos funcionários e respectivos cargos ocupados por seção, proporcionando uma ideia da força de trabalho existente na produção. A força de trabalho deve ser proporcional à capacidade de produção, isto é, o efetivo de pessoal deve ser suficiente para operar as máquinas e os equipamentos, a fim de obter a quantidade de produção no período.

Quadro 2.5 Efetivo de pessoal por seção

Seção	Efetivo	Cargos	Observações
Preparação	5	Operadores	
	3	Escolhedores	
	8	Ajudantes	
Moldagem	15	Operadores	
	17	Ajudantes	
Pré-montagem	1	Técnico	
	21	Montadores	
	11	Ajudantes	

■ **Inventário de estoque de matérias-primas**: permite uma visão das matérias-primas disponíveis em estoque e das necessidades de compra em curto e médio prazos, para garantir a continuidade da produção.

O estoque de matérias-primas e as compras programadas devem ser suficientes para abastecer o processo produtivo no período de tempo considerado.

Quadro 2.6 Inventário de estoque de matéria-prima

Item	Fornecedor	Estoque	Dias de produção
Plástico bruto	Alfa S.A.	30 t	30
Resina básica	Ducolor Ltda.	200 Bar	22
Poliestireno	Ducolor Ltda.	85 Bar	8
PVC	Quimic S.A.	240 kg	15

Todos esses aspectos do sistema de produção formam o arcabouço do projeto de produção no qual o PCP deverá se basear.

O projeto de produção procura oferecer uma visão ampla de todo o conjunto do sistema de produção da empresa e de todos seus detalhes e possibilidades.

Capítulo 2 – Planejamento e Controle da Produção

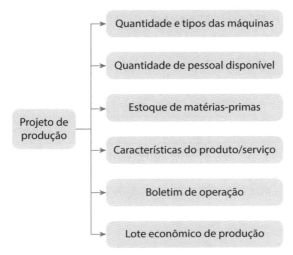

Figura 2.8 O arcabouço do projeto de produção.

Elaborada a primeira fase (projeto de produção), pode-se dar início à segunda fase, que é o planejamento da produção, assunto a ser tratado no próximo capítulo.

Quadro 2.7 O detalhamento do projeto de produção

Projeto de produção	Detalhamento
Características das máquinas	Capacidade de produção de cada máquina, de cada bateria e de cada seção produtiva
Efetivo de pessoal	Quantidade de empregados por cargo e por seção produtiva Horários de trabalho
Estoque de matéria-prima	Itens de matérias-primas e volumes de estoque para cada item Controle de estoque Procedimentos de requisição de MP
Características do produto/serviço	Composição produto/serviço e lista de materiais (gráficos de explosão) utilizados
Boletim de operações	Sequência e cadência do processo produtivo Movimentação de MP e seus gargalos e demoras
Lote econômico e produção	Tamanho ideal do lote de produção para proporcionar maximização de resultados e minimização de custos de MP e PA

 Aumente seus conhecimentos sobre **O Plano Mestre de Produção (PMP) e o Plano de Vendas Operacionais (PVO)** na seção *Saiba mais IPCP 2.4*

2.6 MATERIAL REQUIREMENT PLANNING E MATERIAL REQUIREMENT PLANNING II

O MRP I – mais conhecido por MRP (*Material Requirement Planning*) – ou planejamento das necessidades de materiais decorre da necessidade de atender às necessidades de mercado quanto aos produtos acabados que são realmente entregues ao consumidor. Em razão disso, surgem as necessidades de materiais. Se uma empresa automobilística pretende montar e entregar um certo número de carros, ela necessitará de um certo número de pneus. Como as empresas quase sempre produzem mais de um produto, elas requerem um grande número de peças ou componentes comuns, o que complica o planejamento de materiais.

Como um sistema destinado a minimizar o investimento em inventário, o MRP utiliza o seguinte esquema baseado em computador: um determinado produto explode em todos seus componentes até o último nível de detalhamento, para definir a lista de materiais ou lista técnica (ou o BOM = *bill of material*). A lista de materiais constitui a espinha dorsal do MRP, que funciona como um *software* para processar todos os dados sobre os itens comuns a vários produtos e verificar se há disponibilidade nos estoques, para então emitir a lista dos itens faltantes.[11]

A estrutura do produto explodida decompõe o produto em seus elementos componentes para a composição da lista de materiais, como na Figura 2.9.

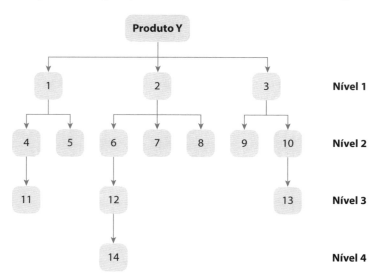

Figura 2.9 Esquema de explosão do produto.

Para manter um nível de estoque de materiais – a fim de evitar falta ou excesso dos materiais envolvidos –, cada produto deve ser explodido em seus componentes a partir dos seguintes dados:

Previsão de vendas – Estoque de produto acabado = Previsão líquida de vendas
Com base na previsão de vendas, elabora-se o plano mestre de produção para conhecer a demanda de materiais para atendê-lo.

Programa mestre de produção × Lista de materiais = Demanda de materiais
Com a demanda de materiais pode-se chegar às necessidades de materiais, como apontado a seguir:

Demanda de materiais + Estoque físico – Saldo de pedidos = Necessidades de materiais

Recentemente, o conceito de MRP foi expandido para planejamento dos recursos de manufatura (*manufacturing resources planning*) com a adoção da sigla MRP II e, mais adiante, para planejamento dos recursos da empresa (*enterprise resources planning*) ou ERP. O MRP II trata da manufatura (produção) como um todo e não apenas dos materiais necessários à produção.

O MRP II funciona a partir do plano mestre que define os estoques de materiais (envolvendo estoques de componentes de dependentes), a lista de materiais, a disponibilidade de mão de obra e a disponibilidade de equipamentos para, então, gerar as necessidades de compras ou as ordens de compras (para itens fornecidos por terceiros) e as ordens de produção (para itens de fabricação própria). Tudo isso ocorre por meio de um planejamento das prioridades, tendo como base o plano mestre.

O MRP II envolve funções de planejamento empresarial, previsão de vendas, planejamento dos recursos produtivos, planejamento da produção, planejamento das necessidades de produção, controle e acompanhamento da fabricação, compras e contabilização dos custos, e criação e manutenção da infraestrutura de informação industrial.

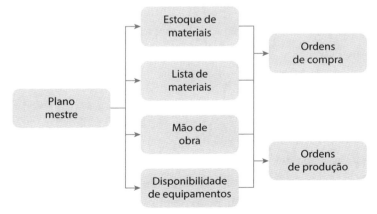

Figura 2.10 Esquema do MRP II.

Para criar e manter uma infraestrutura de informação, o MRP II envolve o cadastro de materiais, a estrutura do produto (lista de materiais), a infraestrutura industrial (equipamentos), o saldo de estoques, as ordens em aberto, as rotinas de processo etc.

O sistema de planejamento das necessidades de materiais permite visualizar facilmente o impacto de qualquer mudança no plano mestre ou qualquer replanejamento. Com base nisso, é possível adotar medidas corretivas sobre o estoque planejado em excesso ou para cancelar ou reprogramar pedidos e manter continuamente os estoques em níveis razoáveis. Por seu turno, a administração de materiais deve procurar melhorar continuamente a rotatividade de estoque, o atendimento ao cliente, a produtividade da mão de obra, a utilização da capacidade e os custos de material, do transporte e do sistema, ou seja, atender o cliente da melhor forma e com o menor investimento em estoque. O objetivo do MRP II é superar esse desafio.

Acesse conteúdo sobre **As aplicações da Tecnologia da Informação (TI) na produção** na seção *Tendências em IPCP 2.2*

QUESTÕES PARA REVISÃO

1. O que é eficiência?
2. O que é eficácia?
3. Qual é o papel do PCP em relação à eficiência e à eficácia?
4. Defina planejamento.
5. Defina controle.
6. Qual é a situação do planejamento e do controle no processo administrativo?
7. Conceitue PCP.
8. Qual é a finalidade do PCP?
9. Quais são as funções do PCP?
10. Explique as inter-relações entre o PCP e as áreas da empresa.
11. O que é um princípio?
12. Quais são os princípios do planejamento da produção?
13. Quais são os princípios do controle da produção?
14. Explique o princípio da definição do objetivo.
15. Explique o princípio da flexibilidade do planejamento.

16. Explique o princípio do objetivo.
17. Explique o princípio da definição dos padrões.
18. Explique o princípio da exceção.
19. Explique o princípio da ação.
20. Quais são os sistemas de produção?
21. Quais são os sistemas de PCP?
22. Descreva as características do PCP em produção unitária.
23. Descreva as características do PCP em produção sob encomenda.
24. Descreva as características do PCP em produção contínua.
25. Compare o aproveitamento da mão de obra em cada um dos sistemas de produção.
26. Compare o planejamento e controle do almoxarifado de MP em cada um dos sistemas de produção.
27. Compare o planejamento e controle do subsistema de produção em cada um dos sistemas de produção.
28. Compare o planejamento e controle do depósito de produto acabado (PA) em cada um dos sistemas de produção.
29. Quais são as fases do PCP?
30. Explique sucintamente a primeira fase do PCP: o projeto de produção.
31. Explique sucintamente o detalhamento do projeto de produção.
32. Explique o MRP.
33. Explique o MRP II.
34. O que significa ERP?

REFERÊNCIAS

1. CHIAVENATO, I. *Introdução à Teoria Geral da Administração*. 10. ed. São Paulo: Atlas, 2020.
2. CHIAVENATO, I. *Introdução à Teoria Geral da Administração*. op. cit.
3. TALEB, N. N. *The Black Swan:* the impact of the highly improbable. Nova Iorque: Random House, 2007.
4. CHIAVENATO, I. *Introdução à Teoria Geral da Administração*. op. cit.
5. MARTINS, P. G.; LAIJGENI, F. P. *Administração da Produção*. São Paulo: Saraiva, 2005. p. 211.

6. WHEELWRIGHT, S. C. Manufacturing Strategy: defining the mission link. *Strategic Management Journal*, v. 5, p. 77-91, 1985.
7. SWAMIDASS, P. M. Manufacturing Strategy: its assessment and practice. *Journal Operations Management*, v. 6, n. 4, p. 471-484, 1986.
8. SKINNER, W. *Manufacturing:* the formidable competitive weapon. Nova Iorque: John Wiley & Sons, 1985.
9. SLACK, N. *et al. Administração da Produção*. São Paulo: Atlas, 1997.
10. LEONG, G. K.; SNYDER, D. L.; WARD, P. T. Research in the Process and Content of Manufacturing. *Omega International Journal of Management Science*, v. 18, n. 2, p. 109-122, 1999.
11. MARTINS, P. G.; LAIJGENI, F. P. *Administração da Produção*. São Paulo: Saraiva, 2005. p. 354.

3 PLANEJAMENTO DA PRODUÇÃO

O QUE VEREMOS ADIANTE

- Conceito de planejamento da produção.
- Finalidade do planejamento da produção.
- Organização do planejamento da produção.
- Fases do planejamento da produção.
- Plano de produção: fatores determinantes.
- Previsão de vendas.
- Capacidade de produção.
- Elaboração do plano de produção.
- *Just-in-time*.
- Questões para revisão.

3.1 CONCEITO DE PLANEJAMENTO DA PRODUÇÃO

Nenhuma empresa funciona na base da improvisação. Nada é feito aleatoriamente. Tudo precisa ser planejado antecipadamente para evitar desperdícios, perdas de tempo, atrasos ou antecipações desnecessários. O processo produtivo deve funcionar como um relógio, desde que seja devidamente planejado. O planejamento da produção (PP) constitui a segunda fase do PCP, vindo logo depois do projeto de produção.

O PP é vital para o sucesso da empresa: fundamenta-se na previsão de vendas com base no que a empresa pretende colocar no mercado e na capacidade de produzir. Com esses dois pontos de fundamentação, o PP programa as máquinas, as matérias-primas e a mão de obra para extrair desse conjunto de recursos um resultado de produção que seja compatível com sua capacidade de produção e com a previsão de vendas, descontando eventuais estoques de produtos acabados disponíveis.

Elaborado o projeto de produção, a segunda fase do PCP é o PP. O planejamento de produção é o estabelecimento, *a priori*, daquilo que a empresa deverá produzir, tendo em vista, de um lado, sua capacidade de produção e, de outro, a previsão de vendas que deve ser atendida. O PP é um conjunto de funções integradas que visam orientar o processo produtivo em razão dos objetivos da empresa e dos recursos empresariais disponíveis. Como já apontado, os objetivos da empresa estão configurados na previsão de vendas, enquanto os recursos empresariais disponíveis definem sua capacidade de produção.

Tendo assim o balizamento da previsão de vendas (quantidade de produtos que a empresa espera vender no decorrer do exercício) e da capacidade de produção (os recursos empresariais disponíveis), o PP procura compatibilizar a eficácia (alcance dos objetivos de vendas) e a eficiência (utilização rentável dos recursos disponíveis). Nesse sentido, o PP procura coordenar e integrar máquinas, pessoas, matérias-primas, materiais em vias e processos produtivos em um todo sistêmico e harmonioso.

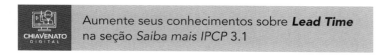
Aumente seus conhecimentos sobre **Lead Time** na seção *Saiba mais IPCP* 3.1

3.2 FINALIDADE DO PLANEJAMENTO DA PRODUÇÃO

Para produzir com o máximo de eficiência, toda empresa precisa planejar sua produção. Vimos que a eficiência representa a utilização racional e intensiva dos recursos empresariais. Quanto melhor for a utilização racional e intensiva dos recursos produtivos, tanto maior será a eficiência.

Figura 3.1 A eficiência e eficácia do processo produtivo como finalidades do planejamento da produção.

Para obter eficiência, deve-se planejar melhor. O mesmo ocorre com a eficácia. Ela representa o alcance ótimo dos objetivos pretendidos. A produção eficaz significa a produção planejada entregue no tempo planejado e no custo esperado. Para obter eficácia, deve-se planejar melhor. A finalidade do PP é obter simultaneamente a melhor eficiência e eficácia do processo produtivo.

Enquanto a eficiência está voltada para o interior do processo produtivo, a eficácia está voltada para os resultados do processo produtivo. A finalidade do PP é, então, planejar as atividades produtivas da empresa, adequando-as à sua capacidade de produção e à previsão das vendas. Em suma, o PP procura definir antecipadamente o que se deve fazer, quanto fazer, quando fazer, quem deve fazer e como fazer.

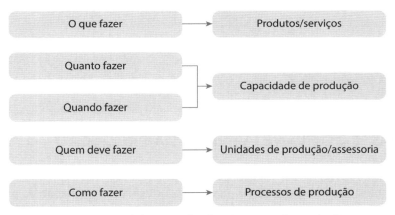

Figura 3.2 As definições do planejamento da produção.

3.3 ORGANIZAÇÃO DO PLANEJAMENTO DA PRODUÇÃO

O PCP é uma unidade de *staff*, ou seja, de assessoria e de planejamento e controle. O PCP busca assessorar a gerência ou diretoria de produção da empresa, a quem está subordinado, formulando os planos de produção adequados às expectativas da empresa e controlando o processo produtivo para garantir o alcance dos objetivos propostos.

Em geral, o órgão de PCP é constituído dos setores/seções apresentados na Figura 3.3.

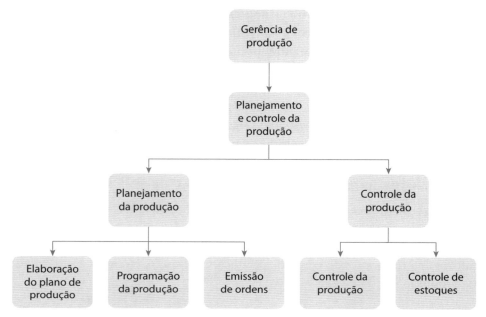

Figura 3.3 A organização do planejamento e controle da produção.

3.4 FASES DO PLANEJAMENTO DA PRODUÇÃO

Tendo em vista o projeto de produção sobre os recursos disponíveis, o PP obedece às seguintes fases: elaboração do plano de produção, programação da produção (máquinas, materiais e mão de obra), emissão de ordens de produção e liberação da produção.

Figura 3.4 As quatro fases do planejamento da produção.

Cada uma dessas quatro fases do PP será abordada a seguir, separadamente, neste capítulo e no próximo.

3.5 PLANO DE PRODUÇÃO: FATORES DETERMINANTES

O plano de produção representa aquilo que a empresa pretende produzir num determinado exercício ou período. Geralmente, esse exercício ou período é de um ano, quando se trata de produção contínua ou em lotes. Quando se trata de produção sob encomenda e produto de grande porte (como construção de navios, de edifícios ou de fábricas, por exemplo), o plano de produção cobre o tempo necessário para a execução do produto.

O plano de produção está sujeito a fatores determinantes que podem constituir vantagens que a empresa pode aproveitar ou restrições e limitações que a impedem de produzir mais.

Os principais fatores determinantes do plano de produção são os seguintes:

- **Previsão de vendas**, que constitui a expectativa de vendas da empresa.

- **Capacidade de produção**, que representa o potencial produtivo da empresa.

- **Disponibilidade de MP** no mercado fornecedor.

- **Recursos financeiros** que a empresa tem à sua disposição para adquirir matérias-primas e demais recursos para produzir.

Em razão das limitações deste livro, abordaremos apenas os dois primeiros fatores determinantes do plano de produção: previsão de vendas e capacidade de produção.

3.6 PREVISÃO DE VENDAS

A previsão de vendas representa a quantidade de produtos/serviços que a empresa pretende ou espera vender e colocar no mercado durante um determinado exercício de tempo. A previsão de vendas deve especificar cada produto/serviço da empresa e as vendas previstas para cada mês do exercício. Essa quantidade de vendas prevista mensalmente representa a quantidade de produtos/serviços que deve ser produzida e colocada à disposição do órgão de vendas para a entrega aos clientes. É este o compromisso do plano de produção: produzir e oferecer ao órgão de vendas a quantidade certa e no momento certo dos produtos/serviços, conforme a previsão de vendas. Assim, a previsão de vendas funciona como uma espécie de bússola ou elemento orientador para a produção.

Quem elabora a previsão de vendas é o órgão de vendas ou de marketing da empresa, considerando as vendas efetuadas no passado e as expectativas de vendas no futuro. À medida que o tempo passa, a previsão de vendas costuma ser alterada para mais ou para menos, o que dependerá das circunstâncias, da conjuntura, do andamento das vendas, das favorabilidades ou dificuldades que possam surgir no meio do caminho etc. Conforme a previsão de vendas é alterada, o plano de produção também é alterado para poder acompanhá-la. Em resumo, o plano de produção visa abastecer a área de vendas com a quantidade de produtos/serviços que devem ser entregues aos clientes nas épocas determinadas pela previsão de vendas.

A previsão de vendas pode ser mais detalhada conforme as necessidades da empresa ou envolver um período mais prolongado do que um ano, se houver dependência de fornecedores de matérias-primas.

Quadro 3.1 Previsão de vendas para efeito de planejamento de produção

	Previsão de vendas em unidades nos meses de									
Produtos	Jan.	Fev.	Mar.	Abr.	Maio	Jun.	Jul.	Ago.	Total
A	200	300	500	800	1.000	1.000	1.000	1.200	6.000
B	100	200	300	400	500	500	500	500	3.000
C	100	200	300	400	500	500	500	500	3.000
Total	400	700	1.100	1.600	2.000	2.000	2.000	2.200	12.000

 Aumente seus conhecimentos sobre **Métodos de previsão de vendas** na seção *Saiba mais IPCP* 3.2

3.7 CAPACIDADE DE PRODUÇÃO

A capacidade de produção da empresa constitui o potencial produtivo de que ela dispõe; é aquilo que a empresa pode produzir em condições normais. Em outras palavras, representa o volume ideal de produção de produtos/serviços que a empresa pode realizar. Contudo, nem sempre esse volume ideal significa o volume máximo de produção que a empresa pode suportar em um regime intensivo de horas extras e de utilização ininterrupta de equipamentos. O volume ideal de produção representa um nível adequado de atividades que permita o máximo de lucratividade e o mínimo de custos de produção, de mão de obra, de manutenção etc.

A capacidade de produção da empresa depende, por sua vez, de quatro subfatores: a capacidade instalada, a mão de obra disponível, a matéria-prima disponível e os recursos financeiros. Vejamos cada um desses quatro subfatores:

1. **Capacidade instalada**: é a quantidade de máquinas e equipamentos que a empresa possui e o potencial de produção que eles permitem alcançar. A capacidade instalada representa a produção possível, se todas as máquinas

e equipamentos estiverem plenamente disponíveis e em funcionamento ininterrupto. Contudo, nem sempre as máquinas e os equipamentos estão prontos e disponíveis, pois pode haver necessidade de manutenção, reparos, troca de peças, paradas por defeitos etc., provocando a paralisação de algumas unidades por algum tempo. Por um lado, quando o plano de produção exige uma produção maior do que a permitida pela capacidade instalada, torna-se necessária a aquisição de novas máquinas e equipamentos – o que pode exigir alguma demora – ou então o trabalho em regime intensivo de horas extras ou em diversos turnos de horário de trabalho. Por outro, máquinas e equipamentos velhos geralmente exigem maior número de paradas para manutenção. Se o índice de manutenção de máquinas for de 6%, por exemplo, isso significa que 6% das máquinas e equipamentos estão, em média, parados para consertos ou reparos. Nesse caso, a empresa pode contar com apenas 94% de seu parque de máquinas.

2. **Mão de obra disponível**: é a quantidade de pessoas com que a empresa pode contar para executar o plano de produção. As máquinas não funcionam sozinhas e dependem dos operários habilitados para operá-las e mantê-las em funcionamento. Quando se fala em pessoas disponíveis, deve-se atentar para alguns detalhes importantes: nem sempre a totalidade dos empregados está plenamente disponível para trabalhar, pois alguns estão em férias, ou em licença médica, outros ausentes por diversos motivos particulares. É o chamado absenteísmo ou ausentismo (índice de faltas e ausências). Há ainda os casos em que muitos empregados se desligam ou são demitidos da empresa. É a chamada rotação ou rotatividade de pessoal (índice de rotação de pessoal). E pode ocorrer alguma demora na substituição de empregados desligados. A administração de pessoal calcula os índices percentuais de absenteísmo e de rotatividade de pessoal que devem ser levados em conta na determinação da mão de obra disponível. Se o índice de absenteísmo de uma empresa é de 3%, por exemplo, isso significa que no período considerado a empresa pode contar com apenas 97% de seu pessoal, pois os restantes 3% estão ausentes por qualquer motivo. Se o índice de rotatividade é de 4%, por exemplo, isso significa que no período considerado a empresa não dispõe desse pessoal. Se uma empresa tem um efetivo de pessoal de cem empregados, com um índice de absenteísmo de 3% e um índice de rotatividade de 4%, ela pode contar somente com 93 empregados. É essa sua mão de obra disponível para produzir.

3. **Matéria-prima disponível**: representa a matéria-prima básica, os materiais e insumos que os fornecedores entregam à empresa para abastecer a produção. Convém lembrar que a empresa depende dos fornecedores para obter as

matérias-primas e os materiais para a realização de sua produção. A falta de matérias-primas e de materiais pode reduzir ou paralisar a produção. Deve-se levar em conta, também, que a obtenção de matérias-primas não é imediata: há sempre um prazo para se localizar o fornecedor no mercado, fazer a compra e aguardar a entrega do pedido. Essa demora constitui o prazo entre verificar a necessidade da matéria-prima e recebê-la do fornecedor.

4. **Recursos financeiros disponíveis**: a capacidade financeira de fazer investimentos em produção, em comprar matérias-primas, adquirir máquinas e equipamentos é um importante subfator da capacidade produtiva.

Figura 3.5 Subfatores que determinam a capacidade de produção.

A capacidade de produção da empresa precisa ser convenientemente aplicada e explorada para tornar os recursos empresariais (ou fatores de produção, como já vimos anteriormente) rentáveis e evitar o desperdício de tempo, de esforços e de dinheiro.

3.8 ELABORAÇÃO DO PLANO DE PRODUÇÃO

O plano de produção ou plano mestre representa aquilo que a empresa pretende produzir num determinado período. Vimos que o plano de produção depende de quatro fatores determinantes que o envolvem e condicionam. Para fins didáticos, vamos pressupor que dois dos fatores determinantes são favoráveis: existe disponibilidade de matérias-primas no mercado fornecedor e há recursos financeiros disponíveis na empresa. Lidaremos, portanto, com apenas dois fatores determinantes: a previsão de vendas e a capacidade de produção da empresa. Se a previsão de vendas é equivalente à capacidade de produção, as coisas ficam mais fáceis. Se a previsão de vendas é menor do que a capacidade de produção, haverá capacidade ociosa ou um maior esforço de vendas para aumentar a previsão. Se a previsão de vendas for maior do que a capacidade de produção, haverá perda de vendas ou necessidade de aumentar a capacidade de produção por meio da aquisição de novas máquinas e equipamentos.

 Aumente seus conhecimentos sobre **Sistemas de computação e o processo de produção** na seção *Saiba mais IPCP 3.3*

A elaboração do plano de produção depende do sistema de produção utilizado pela empresa. Se a empresa utiliza o sistema de produção sob encomenda, a própria encomenda ou pedido é que vai definir o plano de produção, pois cada encomenda é em si mesma um plano de produção. Se a empresa utiliza o sistema de produção em lotes ou contínua, a previsão de vendas é transformada em plano de produção.

O plano de produção visa estabelecer a carga de produção ou de trabalho a ser atribuída ao processo produtivo da empresa, isto é, a todos os órgãos produtivos e não produtivos vinculados à produção. A carga de trabalho é o cálculo do volume de trabalho a ser atribuído a cada seção ou máquina, em um determinado período de tempo, para atender ao plano de produção.

Figura 3.6 A influência dos sistemas de produção na elaboração do plano de produção.

Vejamos como se elabora o plano de produção em cada um dos sistemas de produção:

- **Sistema de produção sob encomenda**: na produção sob encomenda, cada produto exige um plano de produção específico, em face de seu tamanho e de sua complexidade. O próprio pedido ou encomenda serve de base para a elaboração do plano de produção do produto/serviço.

Figura 3.7 O plano de produção encomendada.

Quando a empresa recebe a encomenda – pedido ou contrato –, o PCP verifica as outras encomendas em andamento na produção. Confrontando-as com a capacidade de produção já ocupada e a capacidade disponível para executá-la. A partir daí, calcula o prazo de entrega da encomenda. Entre o prazo de recebimento e o de entrega, elabora-se o plano de produção. Na produção sob encomenda, o cálculo da carga de produção é a função da data de entrega da encomenda e da capacidade de produção disponível. Trata-se de estabelecer as datas de início e de término da encomenda e de cada uma de suas fases mais importantes.

- **Sistema de produção em lotes**: na produção em lotes, cada lote exige um plano de produção específico, que é integrado ao plano mestre de produção. O PCP verifica os demais lotes de produção em andamento, confrontando-os com a capacidade de produção já ocupada e a capacidade disponível para executá-lo. Então, parte-se da previsão de vendas para se conhecerem as datas de entrega do produto acabado (PA). Entre o prazo de entrada do lote e as datas de entrega previstas para vendas, elabora-se o plano de produção do lote. O cálculo da carga de produção é função das datas estabelecidas na previsão de vendas.

- **Sistema de produção contínua**: na produção seriada ou contínua, todo o processo produtivo está voltado para um único produto. Nesse caso, a capacidade de produção costuma ser expressa em número de unidades produzidas por dia, semana ou mês. Parte-se, então, da previsão de vendas para se conhecerem as datas de entrega e respectivas quantidades do produto acabado. A carga de trabalho é calculada para suprir continuamente as quantidades especificadas na previsão de vendas. O plano de produção visa estabelecer quantas unidades serão produzidas em cada período (dia, semana ou mês), em cada seção produtiva para a entrega ao cliente ou para estoque no depósito de produtos acabados.

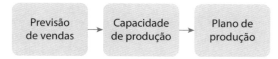

Figura 3.8 O plano de produção contínua ou seriada.

No sistema de produção em lotes e de produção contínua, o plano de produção é função da previsão de vendas. Pode haver estoque de produtos acabados no depósito de PA, no início do período. O nível de estoque de PA que existe no depósito da empresa representa uma produção já executada no período anterior. O esquecimento de que no depósito de PA existem produtos já produzidos pelo plano de produção do período anterior pode provocar um grave erro de planejamento da produção.

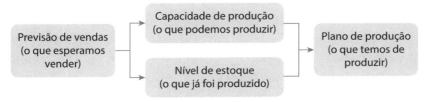

Figura 3.9 A elaboração do plano de produção.

O plano de produção – qualquer que seja o sistema de produção utilizado pela empresa – deve dimensionar a carga de trabalho que aproveite integralmente a capacidade de produção da empresa. De um lado, o dimensionamento da carga de trabalho não pode ser exagerado, o que provocaria sobrecarga. Sobrecarga é a atribuição de carga acima da capacidade de produção. De outro, o dimensionamento muito aquém dessa capacidade provoca capacidade ociosa. Capacidade ociosa é a capacidade de produção não aproveitada e que permanece sem utilização.

Tendo por base o plano de produção, o PCP passa a cuidar da programação da produção. Veremos adiante que a programação da produção nada mais é do que o detalhamento do plano de produção para que ele possa ser executado de maneira integrada e coordenada pelos diversos órgãos produtivos e demais órgãos de assessorias. É o que veremos no próximo capítulo.

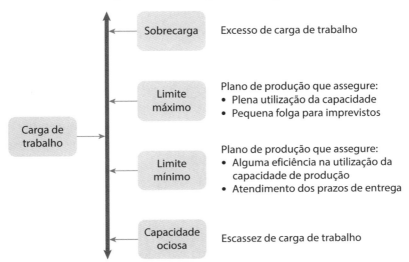

Figura 3.10 Os limites do plano de produção.

Aumente seus conhecimentos sobre **Influência do cliente na produção** na seção *Saiba mais IPCP* 3.4

3.9 JUST-IN-TIME

O sistema *just-in-time* (JIT) foi desenvolvido na Toyota com o propósito de eliminar ou reduzir desperdícios. Toda atividade que consome recursos e que não agrega valor ao produto é considerada um desperdício. É o caso de estoques elevados que custam dinheiro e ocupam espaço, transporte interno desnecessário, paradas intermediárias com inevitáveis esperas, ciclos de tempo de produção estendidos, refugos e retrabalho. Mais adiante, o conceito do JIT foi ampliado e tornou-se uma filosofia de trabalho não apenas focada na eliminação de desperdícios, mas principalmente em colocar o componente certo no lugar certo e na hora certa. Esse é o núcleo do sistema atual.

Os principais elementos que alicerçam o JIT são:[1]

- **Programa mestre**: costuma ter o horizonte de um a três meses, para permitir que os postos de trabalho e os fornecedores externos possam planejar suas atividades. Em cada mês, o programa mestre é detalhado em bases diárias, a fim de garantir carga uniforme para as máquinas e para os fornecedores.
- *Kanban*: é um cartão para retirar as peças (ou materiais) em processamento de uma estação de trabalho e puxá-las para a próxima estação do processo produtivo. As partes processadas ou fabricadas são mantidas em contêineres. Quando todos os contêineres estão cheios, a máquina para de produzir até que retome outro contêiner vazio, que representa uma ordem de produção, em um processo circular. Dessa maneira, os estoques de materiais em processamento são limitados aos disponíveis nos contêineres. O programa mestre puxa as partes dos postos anteriores para os posteriores, em uma cadeia sucessiva. Se uma máquina para por algum problema, todas as demais pararão quando seus contêineres estiverem cheios.
- **Tempos de preparação**: é um dos aspectos mais importantes do JIT para permitir flexibilidade. Eles devem ser reduzidos ao máximo, pois precisam resultar em menores estoques, menores lotes de produção e ciclos mais rápidos.
- **Funcionário multifuncional**: cada operador de máquina deve ser polivalente e capacitado para efetuar manutenção de rotina e pequenos reparos na máquina. Daí, o *total productive maintenance* (TPM) ou manutenção produtiva total que tem como objetivo ampliar as habilidades para as pessoas e mais espírito de equipe e de coordenação, pois não existem estoques disponíveis para cobrir problemas na produção.

- **Layout**: o estoque é baixo apenas o suficiente para manter o fluxo produtivo por poucas horas e é mantido no chão da fábrica entre as estações de trabalho, e não em almoxarifados.
- **Qualidade**: o JIT é projetado para expor os erros e não os encobrir com os estoques sobressalentes. Os defeitos devem ser descobertos no próximo passo do processo produtivo.
- **Fornecedores**: os fornecedores são completamente integrados ao sistema JIT e recebem os contêineres vazios da mesma maneira como os postos de trabalho interno, uma vez que são considerados uma extensão da fábrica. Fazem entregas frequentes (até várias vezes ao dia) diretamente à linha de produção com qualidade assegurada e não recebem nenhum tipo de inspeção no recebimento do material. Os fornecedores são parceiros da empresa.

Aumente seus conhecimentos sobre **O uso do Kanban** na seção *Saiba mais IPCP 3.5*

SAIBA MAIS — A analogia do JIT

A produção é como um curso de água. O nível é como o estoque. No fundo do curso de água, estão as pedras que são os problemas, como *layout* inadequado, longos tempos de preparação das máquinas, excesso de refugo. Quando o nível está alto – estoques altos –, ele encobre todas as pedras e dá a aparência de que tudo está "ok". Porém, quando baixamos o nível, os problemas se tornam visíveis.

O JIT muda toda a operação da empresa, tanto na programação como em fornecedores, *layout*, tamanho dos lotes, qualidade etc. Em contrapartida, permite maior giro do estoque, qualidade superior e vantagens de custo. Quase sempre o JIT é acompanhado pela filosofia da melhoria contínua, o *kaizen*.

É perfeitamente possível a coexistência no planejamento da produção de linhas trabalhando no sistema MRP e no sistema *just-in-time*, o que dependerá da organização da produção e das características de demanda dos clientes, uma vez que ambos buscam a maximização dos resultados pela otimização dos gargalos e redução de desperdícios.

Aumente seus conhecimentos sobre **Os 10 mandamentos do JIT** na seção *Saiba mais IPCP* 3.6

> **SAIBA MAIS**
>
> **O *just-in-time* na Ford**
>
> A Ford mantém um sistema totalmente integrado com um pequeno grupo de fornecedores – como a Goodyear e a Plascar – que opera no chamado *just-in-time* sequencial. Cada fornecedor produz e entrega seus produtos no local, horário e ordem rigidamente combinados com a empresa cliente. A pontualidade é a base dessa parceria. A Johnson Controls (JC) é uma fornecedora exclusiva de bancos para os carros da montadora. As fábricas da Ford e da JC – ambas situadas em São Bernardo do Campo, no ABC paulista – funcionam sincronizadamente a partir das 6h50. Tudo é minuciosamente cronometrado.
>
> Pelo computador a Ford comunica quais modelos começam a ser produzidos em sua linha de montagem, enquanto na fábrica da JC se inicia a corrida contra o relógio: 30 minutos para produzir um lote de 48 bancos mais 10 minutos para seu transporte até o sistema de embarque no caminhão em uma sequência rígida: o primeiro banco produzido será o último a entrar na carroceria do transporte, pois chegará na ordem em que deverá ser montado no automóvel da montadora. São gastos 10 minutos para carregar o caminhão e emitir a nota fiscal. A viagem até a fábrica da Ford é feita em 30 minutos. Da portaria da montadora, onde a nota fiscal é checada, até o ponto de desembarque são mais 20 minutos. Os restantes 20 minutos são gastos com a descarga e a chegada do lote no ponto exato da montagem dos bancos na linha de produção. Toda essa operação é repetida cerca de vinte vezes todos os dias, totalizando 850 conjuntos de bancos.
>
> Experimente colocar tudo isso em um cronograma.

QUESTÕES PARA REVISÃO

1. No planejamento da produção, a eficiência está voltada para quais aspectos?
2. E a eficácia?
3. Conceitue planejamento da produção.
4. Qual é a colocação do planejamento da produção no PCP?

5. Qual é a finalidade do planejamento da produção?
6. Quais são as fases do PP?
7. O que significa a primeira fase do PP?
8. Quais são os fatores determinantes do plano de produção?
9. Conceitue previsão de vendas.
10. O que representa a previsão de vendas para o plano de produção?
11. O que é capacidade de produção?
12. O que significa capacidade instalada?
13. Qual é a diferença entre capacidade instalada e capacidade de produção?
14. O que é capacidade necessária?
15. O que é mão de obra disponível?
16. O que é mão de obra necessária?
17. Defina matéria-prima disponível no mercado fornecedor.
18. Defina nível de estoque existente.
19. Defina carga de trabalho ou carga de produção.
20. O que significa sobrecarga?
21. O que significa capacidade ociosa?
22. Explique limite mínimo e limite máximo de carga de trabalho.
23. Descreva a elaboração do plano de produção.
24. Caracterize o plano de produção em produção sob encomenda.
25. Caracterize o plano de produção em produção em lotes.
26. Caracterize o plano de produção em produção contínua ou seriada.
27. Explique o JIT.
28. Explique os principais elementos do JIT.

REFERÊNCIA

1. MARTINS, P. G.; LAIJGENI, F. P. *Administração da Produção*. São Paulo: Saraiva, 2005. p. 404-405.

4 PROGRAMAÇÃO DA PRODUÇÃO

O QUE VEREMOS ADIANTE

- Conceito de programação da produção.
- Técnicas de programação da produção.
- Fases da programação da produção.
- Sistemas de emissão de ordens.
- Liberação da produção.
- Questões para revisão.

Terminada a elaboração do plano de produção, o passo seguinte é colocá-lo em ação e fazê-lo funcionar. Em outros termos, o plano de produção deve ser implementado para que se passe à sua execução. Como esse plano cobre um período de tempo geralmente longo, ele deve ser detalhado e transformado em programas de execução diária. Esses programas devem ter praticidade suficiente para dar ordens claras e simples a todas as unidades ou seções envolvidas direta e indiretamente no processo produtivo da empresa. Além disso, esses programas são elaborados para garantir a interação e coordenação de todas as unidades envolvidas. Assim, a programação da produção corresponde ao detalhamento do plano de produção e à sua transformação em ordens de produção ou de compra, que deverão ser executadas cotidianamente pelas respectivas seções envolvidas.

4.1 CONCEITO DE PROGRAMAÇÃO DA PRODUÇÃO

A partir da elaboração do plano de produção, o passo seguinte é a programação de sua execução. Como o plano de produção é muito amplo e genérico, a programação da produção precisa detalhá-lo para que possa ser executado no dia a dia da empresa. Programar produção significa determinar quando deverão ser realizadas as tarefas e operações de produção e quanto deverá ser feito. Na realidade, programar a produção é estabelecer uma agenda de compromissos para as diversas unidades envolvidas no processo produtivo da empresa. Mais do que isso, a programação da produção visa estabelecer um fluxo de informações para todas as unidades envolvidas, com o propósito de comandar, coordenar e integrar o processo produtivo da empresa. A programação de produção deve conter os seguintes itens: o quê, quanto, quando e onde.

Vimos no capítulo anterior que a previsão de vendas deve ser adaptada à capacidade de produção da empresa e é transformada em um plano de produção. A programação da produção transforma o plano de produção em uma infinidade de ordens de produção e de compra que deverão ser executadas pelos diversos órgãos da empresa que estão vinculados direta ou indiretamente ao processo produtivo, tais como: produção, almoxarifado, compras, depósito, controle de qualidade, custos, contabilidade, pessoal etc.

Dessa maneira, a programação da produção passa a ser a interface entre o planejamento, a execução e o controle da produção.

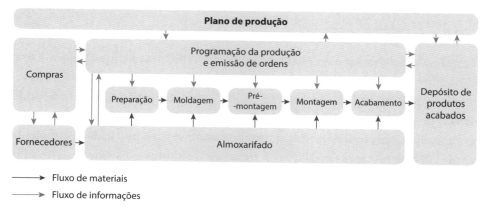

→ Fluxo de materiais
→ Fluxo de informações

Figura 4.1 Fluxo de informações da programação da produção.

 Aumente seus conhecimentos sobre **Sistemas de capacidade finita** na seção *Saiba mais IPCP 4.1*

Capítulo 4 – Programação da Produção

Os principais objetivos da programação da produção são os seguintes:

- Coordenar e integrar todas as unidades envolvidas direta ou indiretamente no processo produtivo da empresa.
- Garantir a entrega dos produtos acabados (PA) aos clientes nas datas previstas ou prometidas.
- Garantir disponibilidade de matérias-primas (MP) e componentes que serão requisitados pelas unidades envolvidas.
- Distribuir a carga de trabalho proporcionalmente às diversas unidades produtivas, de modo a assegurar a melhor sequência de produção e o melhor resultado no que se refere à eficiência e eficácia.
- Balancear o processo produtivo de modo a evitar gargalos de produção, de um lado, e desperdícios de capacidade, de outro.
- Aproveitar ao máximo a capacidade instalada da empresa, bem como capital empatado em MP, PA e materiais em processamento.
- Estabelecer uma maneira racional de obtenção de recursos, como MP (compras), mão de obra (RH), de máquinas e equipamentos (engenharia) etc.
- Estabelecer, por meio de ordens de produção, padrões de controle para que o desempenho possa ser continuamente monitorado, avaliado e melhorado.

Aumente seus conhecimentos sobre **Sistemas da programação da produção** na seção *Saiba mais IPCP 4.2*

4.2 TÉCNICAS DE PROGRAMAÇÃO DA PRODUÇÃO

No fundo, a programação da produção nada mais é do que o detalhamento e a fragmentação do plano de produção, por meio de duas variáveis principais: o tempo (definido em dias, semanas ou meses) e a produção (definida em quantidade de unidades, quilos, metros etc.). Em resumo, a programação da produção trata de estabelecer cronogramas detalhados de execução do plano de produção. Assim sendo, as técnicas de programação se resumem basicamente na construção de cronogramas, tais como o gráfico de Gantt, o gráfico de montagem, o gráfico de carga etc.

Em casos mais complexos, a programação da produção utiliza técnicas mais sofisticadas, como o *Program Evaluation Review Technique* (PERT) ou Técnica de Avaliação e Revisão de Programas, o *Critical Path Method* (CPM), o Método do Caminho Crítico, a Programação Linear etc.

Vejamos rapidamente cada uma das três primeiras técnicas de programação da produção.

4.2.1 Cronograma

O cronograma (do grego *cronos* = tempo e *grama* = gráfico) é um gráfico de dupla entrada: nas linhas horizontais estão os fatores de produção (como produtos, máquinas, operações, seções etc.), enquanto nas colunas verticais está o tempo disponível para sua utilização (horas, dias, semanas ou meses). Trata-se, portanto, de um cronograma, isto é, um gráfico relacionado com o tempo.

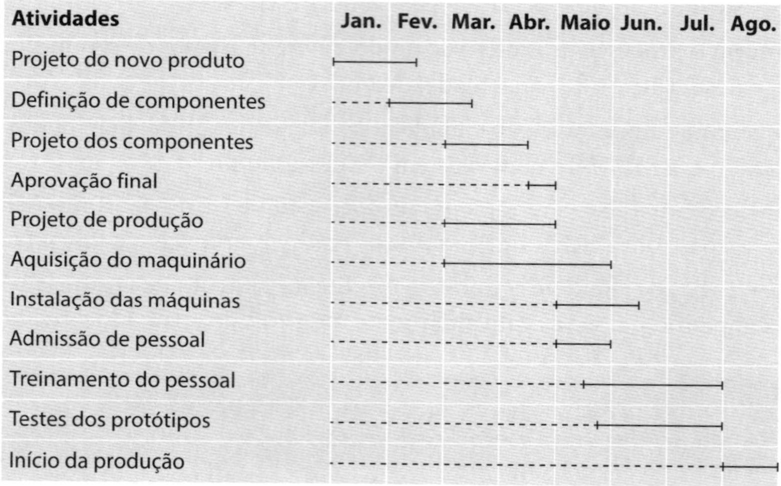

Atividades	Jan.	Fev.	Mar.	Abr.	Maio	Jun.	Jul.	Ago.
Projeto do novo produto								
Definição de componentes								
Projeto dos componentes								
Aprovação final								
Projeto de produção								
Aquisição do maquinário								
Instalação das máquinas								
Admissão de pessoal								
Treinamento do pessoal								
Testes dos protótipos								
Início da produção								

Figura 4.2 Cronograma de lançamento de um novo produto.

4.2.2 Gráfico de Gantt

É um tipo de cronograma que se caracteriza por dividir cada coluna em quatro subcolunas (geralmente o mês dividido em suas quatro semanas). Foi criado por Henry L. Gantt, na primeira década do século passado para facilitar a programação do trabalho mensal.

O gráfico de Gantt utiliza os seguintes símbolos:

-------------- = atividade a realizar;

|------------- = traço vertical à esquerda indica o início da atividade;

------------| = traço vertical à direita indica o término da atividade;

::::::::::::::::::::: = atividade realizada;

xxxxxxxxx = atividade interditada ou paralisada (por parada, espera, manutenção etc.).

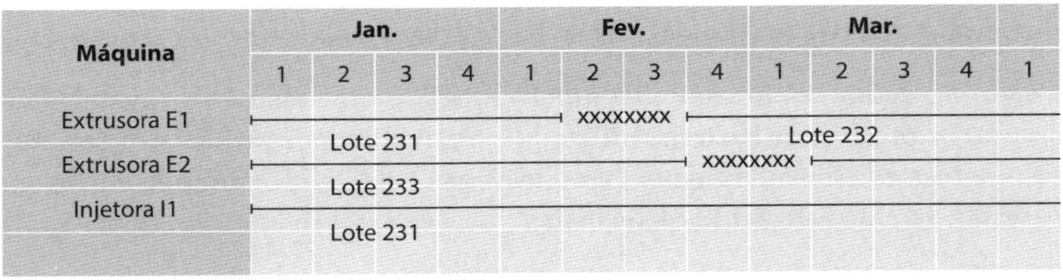

Máquina	Jan.				Fev.				Mar.				
	1	2	3	4	1	2	3	4	1	2	3	4	1
Extrusora E1					xxxxxxxx								
		Lote 231							Lote 232				
Extrusora E2							xxxxxxxx						
		Lote 233											
Injetora I1													
		Lote 231											

Figura 4.3 Gráfico de Gantt.

Ao longo deste livro, teremos a oportunidade de utilizar o gráfico de Gantt para diversas finalidades.

4.2.3 Gráfico de montagem

É um gráfico que representa o cronograma de montagem de um produto ou serviço. Na realidade, assemelha-se a um gráfico de implosão (ao contrário do gráfico de explosão, que fragmenta um produto ou serviço em suas partes componentes), pois mostra como as partes de um produto/serviço vão sendo juntadas, montadas e anexadas a ele, ao longo de sua produção.

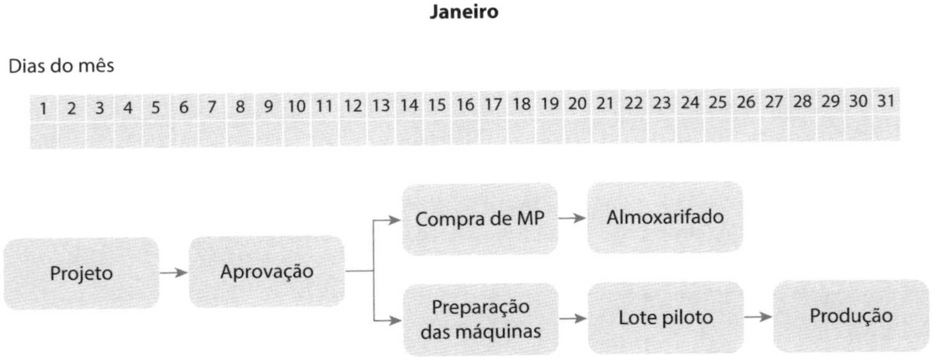

Janeiro

Dias do mês

| 1 | 2 | 3 | 4 | 5 | 6 | 7 | 8 | 9 | 10 | 11 | 12 | 13 | 14 | 15 | 16 | 17 | 18 | 19 | 20 | 21 | 22 | 23 | 24 | 25 | 26 | 27 | 28 | 29 | 30 | 31 |

Projeto → Aprovação → Compra de MP → Almoxarifado

Aprovação → Preparação das máquinas → Lote piloto → Produção

Figura 4.4 Gráfico de montagem.

4.2.4 Gráfico de carga

É um gráfico que representa a atribuição de carga a uma máquina ou unidade da empresa produtiva ou não, para indicar sua ocupação ou disponibilidade de tempo e de trabalho. O gráfico de carga tem muitas aplicações na programação da produção.

4.3 PROGRAM EVALUATION REVIEW TECHNIQUE

Program Evaluation Review Technique (PERT) é uma técnica de avaliação e revisão de programas bastante utilizada em atividades de produção e projetos de pesquisa e desenvolvimento. O modelo básico de PERT é um sistema lógico baseado em cinco elementos principais:

1. **Uma rede básica de relacionamentos entre diversas atividades.** Ela é representada por um diagrama de passos sequenciais que devem ser executados a fim de realizar um projeto ou tarefa. A rede consiste de três componentes:

   - **Eventos:** que representam os pontos de decisão ou cumprimento de alguma tarefa (são os círculos de PERT com números dentro deles).

   - **Atividades:** ocorrem entre os eventos e constituem os esforços físicos ou mentais requeridos para completar um evento e são representadas por flechas com números.

   - **Relações:** as relações entre as tarefas básicas são indicadas pela sequência desejada de eventos e de atividades na rede.

2. **Alocação de recursos** para que as atividades sejam executadas.

3. **Considerações de tempo** (duração de cada atividade) e de espaço necessário.

4. **Rede de caminhos a ser seguida.**

5. **Caminho crítico,** ou seja, o caminho que define o menor tempo para a execução de todas as atividades.

Para sua elaboração, o gráfico de PERT exige a montagem inicial de um quadro preparatório (Quadro 4.1).

Quadro 4.1 Quadro preparatório para elaboração do PERT de lançamento de um novo produto[1]

Evento	Descrição	Tempo em dias	Evento Pré-requisito	Tempo otimista		Tempo pessimista		Folga
				Início	Fim	Início	Fim	
1	Projeto do novo produto	5	–	1	5	1	5	0
2	Definição de componentes	20	1	6	25	6	25	0
3	Projeto dos componentes	25	2	26	50	26	50	0
4	Aprovação final	13	3	51	63	51	63	0

(continua)

Capítulo 4 – Programação da Produção

(continuação)

Evento	Descrição	Tempo em dias	Evento Pré-requisito	Tempo otimista Início	Tempo otimista Fim	Tempo pessimista Início	Tempo pessimista Fim	Folga
6	Aquisição do maquinário	20	5	3	49	46	65	16
7	Instalação das máquinas	10	2	2	35	54	63	28
8	Admissão de pessoal	20	4 e 7	64	65	64	65	0
9	Treinamento de pessoal	30	6 e 8	66	66	66	66	0
10	Teste dos protótipos	5	9	67	71	67	71	0
11	Início da produção	8	10	72	70	72	79	0

Com o Quadro 4.1, pode-se desenhar o gráfico de PERT, como na Figura 4.5.

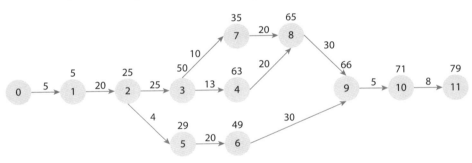

Figura 4.5 Diagrama de PERT de lançamento de um novo produto.[2]

Além de servir como técnica de planejamento, o PERT permite também acompanhar e avaliar o progresso dos programas e projetos em relação aos padrões de tempo predeterminados, constituindo também um esquema de controle e avaliação. Além de uma ferramenta de planejamento, serve como ferramenta de controle, pois facilita a localização de desvios e indica as ações corretivas necessárias para redimensionar toda a rede que ainda não foi executada. Embora não possa impedir erros, atrasos, mudanças ou eventos imprevistos, o PERT dá margem a ações corretivas imediatas.

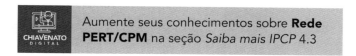

4.4 FASES DA PROGRAMAÇÃO DA PRODUÇÃO

A programação da produção é realizada em quatro fases distintas: aprazamento ou fixação de prazos ou datas, roteiro ou fluxo do processo, emissão de ordens e liberação da produção ou de recursos.

A Figura 4.6 mostra as fases da programação dentro das etapas maiores de planejamento da produção (plano de produção) e controle da produção.

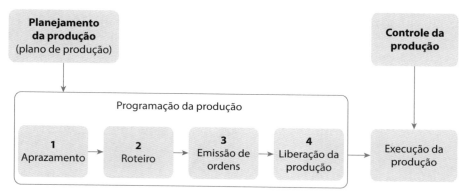

Figura 4.6 As quatro fases da programação da produção.

4.4.1 Aprazamento

Aprazamento significa a atribuição de prazos e estabelecimento de datas ou horários. Como o plano de produção é muito amplo e dimensionado para uma encomenda de grande porte ou para o exercício de um período de tempo geralmente extenso, a programação procura fragmentá-lo em períodos menores (como horas, dias, semanas ou meses) a fim de poder estabelecer datas e horários específicos de execução da produção.

4.4.2 Roteiro

Roteiro significa o estabelecimento da melhor sequência ou fluxo para atender ao plano de produção. Se a empresa pretende produzir um produto que tenha de passar por várias baterias de máquinas ou por várias seções produtivas, o roteiro procura definir a sequência ou fluxo mais adequado para que a matéria-prima passe pelas diversas etapas do processo produtivo.

Tanto o aprazamento como o roteiro são definidos por meio de técnicas de programação de produção, como o gráfico de Gantt ou de montagem. Para melhor compreensão, a emissão de ordens e a liberação da produção requerem tópicos separados.

4.4.3 Emissão de ordens

Pelo plano de produção, pode-se programar sua execução por meio de técnicas de programação da produção. Até aí ninguém está sabendo das decisões tomadas a respeito da produção. Torna-se necessário então informar todas as unidades que participam direta ou indiretamente do processo produtivo das decisões sobre o quê, como, quando, quanto e onde produzir, a fim de fazê-las trabalhar de maneira coordenada e integrada como um sistema. A emissão de ordens constitui o núcleo de informação e coordenação da programação da produção.

Em outras palavras, as ordens informam a respeito das decisões sobre produção para as diversas unidades ou seções envolvidas no processo produtivo. Essa comunicação é enviada a todas as unidades relacionadas com o processo produtivo da empresa, tais como a própria produção, o almoxarifado de MP, a unidade de compras, o controle de qualidade, a unidade de contabilidade e custos etc., para que cada uma delas possa contribuir de forma integrada no atendimento da programação da produção.

A preparação e a distribuição das ordens são importantes na coordenação das diversas unidades. Cada empresa tem seu sistema de emissão de ordens, que é melhorado e desenvolvido com a experiência. Cada ordem deve esclarecer o quê, como, quando, quanto e onde fazer. Toda ordem deve ser escrita e, se possível, documentada em impressos ou formulários padronizados. Deve ser datada e rubricada pela pessoa autorizada a emiti-la. Existem vários tipos de ordem:

- **Ordem de produção (OP)**: é a comunicação da decisão de produzir e que é enviada a uma unidade ou seção produtiva para autorizá-la a executar as tarefas.
- **Ordem de montagem (OM)**: corresponde a uma OP destinada às unidades produtivas de montagem.
- **Ordem de compra (OC)**: é a comunicação da decisão de comprar MP ou materiais e que é enviada à unidade de compras.
- **Ordem de serviço (OS)**: é a comunicação sobre prestação interna de serviços, tais como serviços de inspeção de qualidade, de manutenção e reparos de máquinas etc.
- **Requisição de materiais (RM)**: é a comunicação que solicita MP ou materiais ao almoxarifado.

Na prática, a emissão de ordens envolve a preparação de um grande número de vias de formulários, cada qual com uma denominação e destinada a uma unidade diferente da empresa, servindo como fluxo de informações sobre o que cada unidade deve fazer. Esse fluxo de informações deve incluir necessariamente as seguintes unidades:

1. **Produção**:
   - Execução da produção .... OP ou OM
   - Acompanhamento de datas de término .... Ficha de acompanhamento

2. **Almoxarifado**:
   - Requisição de MP ou materiais ou componentes.................................. RM
   - Comprovante de retirada de MP ou materiais .... Ficha de entrega
   - Controle de estoque.. Ficha de estoque

3. **Transporte interno de materiais**:
   - Via para comandar a movimentação de MP do almoxarifado..Ficha de entrega
   - Via que comanda a movimentação de MP de uma unidade para outra ....Ficha de entrega

4. **Controle de qualidade**:
   - Solicitação de inspeção de qualidade .... Ficha de inspeção

5. **Controle de eficiência**:
   - Tempo gasto na produção em comparação com o tempo padrão para avaliar a eficiência da unidade e definir incentivos de produção para os operários ....Ficha de mão de obra

6. **Contabilidade e controle de custos**:
   - Recebe informações sobre custo de MOD, de MP direta para apurar custo de produção .... RM e ficha de mão de obra

Assim, a emissão de uma OP tem geralmente a primeira via destinada à produção (OP propriamente dita), juntamente com a segunda via (ficha de acompanhamento), a terceira e a quarta vias destinadas ao almoxarifado (R1VI e ficha de entrega, respectivamente), a quinta via endereçada à unidade de controle de qualidade (ficha de inspeção), a sexta via encaminhada à unidade de engenharia industrial para acompanhar a eficiência do processo produtivo (ficha de mão de obra) etc.

Capítulo 4 – Programação da Produção

Cada via da ordem tem seu conteúdo e seu destino, a fim de que cada uma das unidades envolvidas desempenhe seu papel e faça sua contribuição ao processo produtivo.

4.5 SISTEMAS DE EMISSÃO DE ORDENS

O sistema de emissão de ordens é o conjunto de normas e procedimentos para decidir sobre a preparação e distribuição das ordens às diversas unidades envolvidas. Cada empresa utiliza seu próprio sistema e, ao longo do tempo, desenvolve-o de acordo com seu tipo de negócio, seus produtos/serviços, seu mercado, seu sistema de produção etc. Como há uma variedade muito grande, apresentaremos a seguir sete diferentes sistemas de emissão de ordens, com suas características, vantagens e desvantagens para melhor apreciação do assunto.

Quadro 4.2 Aplicação dos sistemas de emissão de ordens aos sistemas de produção

Sistemas de emissão de ordens	Sistemas de produção		
	Encomenda	Em lotes	Contínua
Sistema do produto	•		
Sistema de carga	•	•	
Sistema de estoque mínimo		•	
Sistema de estoque-base			•
Sistema do período-padrão			•
Sistema dos lotes componentes			•
Sistema do lote-padrão			•

 Aumente seus conhecimentos sobre **O sistema de ordens e seus atores** na seção *Saiba mais IPCP 4.4*

4.5.1 Sistema do produto

É o sistema de emissão de ordens mais indicado para produção não repetitiva, isto é, para produção sob encomenda, principalmente quando se trata de produto complexo, diferente dos demais e de longo prazo de execução. É o caso da construção de navios, de construções de prédios ou de fábricas. O plano de produção do produto é dividido em tarefas básicas. Cada tarefa deve ter uma data de início e uma de término para que, no conjunto, se tenha a data de início e de término do produto acabado. O gráfico de programação é geralmente o gráfico de Gantt ou o de montagem. Em casos mais complexos, utiliza-se o PERT ou CPM.

O sistema do produto está centrado no produto. Seu procedimento é o seguinte:

- Após o recebimento do pedido do cliente, define-se o prazo de entrega, que é estabelecido na encomenda. Trata-se do prazo de entrega do PA.

- O pedido é analisado e decomposto em tarefas principais, para a execução do PA.

- A seguir, analisam-se as relações de precedência (que tarefas devem ser executadas antes de outras) e as relações de dependência (quais tarefas dependem de tarefas já executadas). As relações de precedência e de dependência servem para estabelecer o roteiro das tarefas, ou seja, em que sequência as tarefas deverão ser executadas.

- Define-se o aprazamento, isto é, calcula-se o número de horas necessárias para a execução de cada uma das tarefas e são estabelecidas as datas de início e de término para cada uma delas, levando-se em consideração que a semana de trabalho é de 40 horas, por exemplo. Com o aprazamento de todas as tarefas, ficam definidas as datas de início e de término do PA.

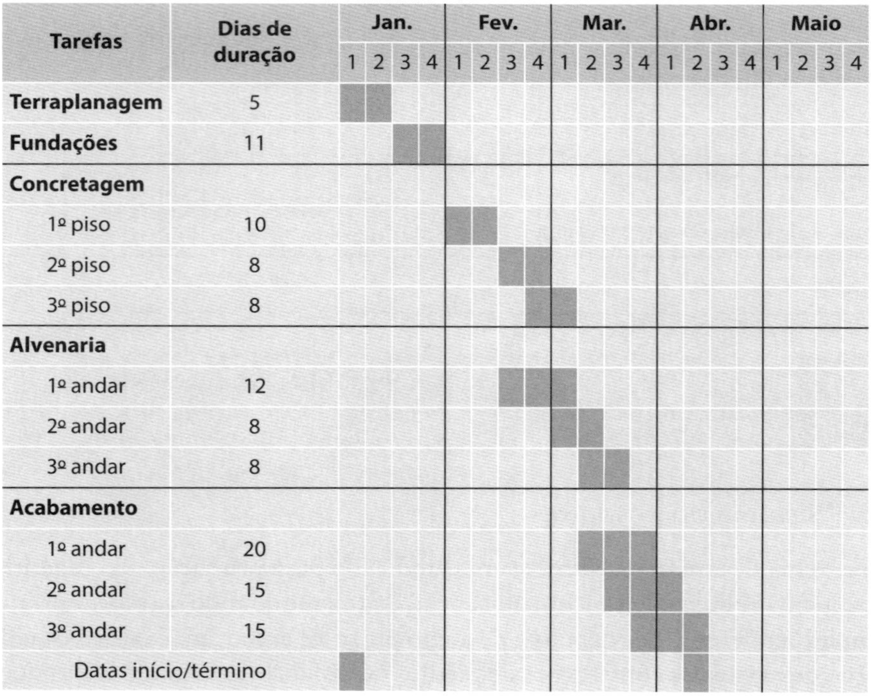

Tarefas	Dias de duração	Jan.				Fev.				Mar.				Abr.				Maio			
		1	2	3	4	1	2	3	4	1	2	3	4	1	2	3	4	1	2	3	4
Terraplanagem	5	■	■																		
Fundações	11			■	■																
Concretagem																					
1º piso	10					■	■														
2º piso	8							■	■												
3º piso	8								■	■											
Alvenaria																					
1º andar	12									■	■										
2º andar	8											■	■								
3º andar	8													■	■						
Acabamento																					
1º andar	20														■	■					
2º andar	15																■	■			
3º andar	15																		■	■	
Datas início/término		■																			

Figura 4.7 Gráfico de Gantt do sistema de emissão de ordens do produto.

- As tarefas são agrupadas, isto é, são juntadas em grupos de tarefas para facilitar seu controle.
- Atribui-se a carga de trabalho para cada unidade produtiva.

4.5.2 Sistema de carga

É o sistema de emissão de ordens utilizado para o sistema de produção sob encomenda quando:

- A decisão do prazo de execução é da empresa e não do cliente.
- Existem muitos produtos simultaneamente nas mesmas máquinas ou a produção é para repor estoque.

Esse sistema também é utilizado para o sistema de produção em lotes. O sistema de carga permite analisar que produtos devem ser produzidos para melhor utilizar a capacidade de produção da empresa. Assim, parte-se da disponibilidade de tempo de cada máquina ou unidade produtiva para calcular as cargas de trabalho. Utiliza-se o método das fichas ou o gráfico de Gantt para atribuição de carga.

O procedimento do sistema de carga é o seguinte:

- Após o recebimento da encomenda do cliente (quando se tratar do sistema de produção sob encomenda) ou após a elaboração do plano de produção, são enumeradas as tarefas básicas para a execução do produto ou dos lotes de produção do produto.
- Verificam-se as relações de precedência e de dependência entre as tarefas principais e se estabelece o roteiro de produção, isto é, a sequência de execução do produto, por meio de um gráfico de programação.
- Calcula-se o número de horas necessárias em cada máquina e em cada unidade, para atender à encomenda ou à produção dos lotes do produto.
- Verifica-se a disponibilidade de tempo em cada máquina e em cada unidade produtiva, e alinham-se as horas necessárias de acordo com as horas disponíveis. É a atribuição da carga de trabalho em função das disponibilidades existentes. O aprazamento também é em função dessa atribuição de carga. Para tanto, utiliza-se o gráfico de carga.
- Se a empresa receber uma nova encomenda, enumeram-se as tarefas básicas para executá-la, estima-se o número de horas necessárias para atendê-la, verificam-se as disponibilidades e reelabora-se o gráfico de carga. Se surgir uma encomenda de cliente preferencial e houver necessidade de reduzir o prazo de entrega, remaneja-se a alocação das demais encomendas para a fixação de novas prioridades.

Quando o sistema de carga é utilizado no sistema de produção em lotes, o processo de produção deve ser analisado por meio de um gráfico de programação, como mostra a Figura 4.8, que reflete a produção de um produto XYZ.

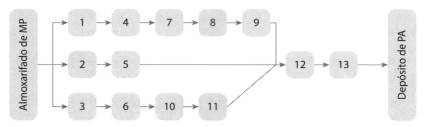

Figura 4.8 Programação do produto XYZ.

Na Figura 4.8, cada operação do processo de produção tem o seguinte significado:

1. Preparar material para X.
2. Preparar material para Y.
3. Preparar material para Z.
4. Usinar X.
5. Usinar Y.
6. Usinar Z.
7. Soldar X + Y para formar XY.
8. Usinar XY.
9. Rebarbar XY.
10. Pintar XY.
11. Pintar Z.
12. Soldar XY + Z para formar XYZ.
13. Usinar XYZ.

Para facilitar o sequenciamento das ordens, são agrupadas todas as operações de uma máquina em um único roteiro de produção:

1. Preparar material para X, Y e Z (operações 1 + 2 + 3).
2. Usinar X, Y e Z (operações 4 + 5 + 6).
3. Soldar X + Y para formar XY (operação 7).
4. Usinar XY (operação 8).
5. Pintar XY (operação 9).

6. Rebarbar Z (operação 10).
7. Pintar Z (operação 11).
8. Soldar XY + Z para formar XYZ (operação 12).
9. Usinar XYZ (operação 13).

A Tabela 4.1 apontou as relações de precedência e de dependência que definem o roteiro do produto. Com base nele, elabora-se o gráfico de carga para cada máquina ou unidade produtiva.

Tabela 4.1 Gráfico de carga para o sistema de carga

Máquina ou seção	Capacidade	1ª Semana	2ª Semana	3ª Semana
A	44	Enc. 53 = 2 Enc. 56 = 2 Enc. 57 = 22	Enc. 53 = 22 Enc. 56 = 22	Enc. 53 = 44
B	48	Enc. 53 = 40	Enc. 53 = 40	Enc. 55 = 5
C	44	Enc. 56 = 42	Enc. 56 = 30	Enc. 56 = 20

O sistema de carga enfatiza a atribuição de carga de trabalho para cada máquina ou unidade produtiva.

 Aumente seus conhecimentos sobre **Busca constante da eficiência** na seção *Saiba mais IPCP* 4.5

4.5.3 Sistema de estoque mínimo

É o sistema mais simples de emissão de ordens. É utilizado para o sistema de produção em lotes e corresponde ao sistema de duas gavetas para reposição de estoques, que veremos no último capítulo deste livro. Em vez de basear-se no produto a ser produzido (como no sistema do produto) ou na carga disponível de máquinas ou unidades (como no sistema de carga), o sistema de estoque mínimo baseia-se no atendimento ao plano de produção, que é dividido em lotes de produção. Cada lote de produção é dimensionado pelo princípio do lote econômico, assunto que será tratado no último capítulo deste livro.

O procedimento do sistema de estoque mínimo é o seguinte:

- Determina-se o lote econômico para cada item de estoque (seja PA a ser produzido ou MP a ser comprada).
- Determina-se o estoque mínimo para cada item de estoque (seja PA no depósito ou MP no almoxarifado).
- A produção ou o almoxarifado deve abrir uma ficha de estoque para cada item. A ficha de estoque deve conter colunas para reserva e saldo para reserva.
- Anota-se em cada ficha de estoque o lote econômico (lote econômico de produção ou de compra), bem como o estoque mínimo daquele item.
- À medida que forem requisitados (o PA do depósito ou a MP do almoxarifado) e quando o saldo de estoque chegar ao mínimo anotado na ficha, deve-se emitir uma OP (para PA) ou OC (para MP) para reposição do estoque. A quantidade de OP ou OC deve ser igual ao lote econômico anotado na ficha.
- Se a carga de trabalho de uma unidade for pequena, verifica-se o saldo de estoque de todos os itens que ela produz e calcula-se a relação de estoque para cada item, isto é, a relação entre o estoque disponível e o estoque mínimo.

$$\text{Relação de estoque} = \frac{\text{Estoque disponível}}{\text{Estoque mínimo}}$$

A relação de estoque deve ser sempre maior do que 1, senão já deveria ter sido emitida uma OP ou OC para reposição. Calculada a relação de estoque dos vários itens, emite-se uma OP ou OC para o item que apresentar a menor relação de estoque, isto é, o item que atingir o estoque mínimo em primeiro lugar.

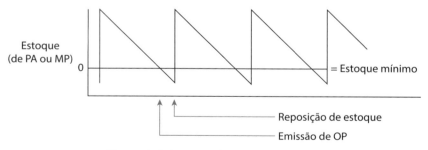

Figura 4.9 Sistema de estoque mínimo.

Assim, a produção (ou compras) funciona para manter sempre um estoque mínimo suficiente para abastecer o depósito de PA (ou o almoxarifado de MP). O sistema de estoque mínimo enfatiza o nível mínimo de estoque a ser mantido. É por causa desse nível mínimo de estoque que todo o sistema funciona.

4.5.4 Sistema de estoque-base

É o sistema de emissão de ordens utilizado em sistema de produção contínua e repetitiva. Baseia-se no plano de produção fundamentado na previsão de vendas sujeita a variações.

O procedimento de utilização do sistema de estoque-base é o seguinte:

- Desdobra-se o plano de produção em períodos – geralmente meses – para fixar as quantidades de PA que deverão estar disponíveis no depósito de PA para entrega aos clientes. Como a previsão de vendas está sujeita a variações, o plano de produção também deve mudar em razão disso. Essas quantidades de PA serão os compromissos que a produção deverá cumprir ao final de cada período. A produção de cada PA no período corresponde à abertura de uma barra específica de produção.

- No início de cada período, emitem-se todas as OP e OC necessárias para totalizar a quantidade de PA. As OP e OC poderão ser individualizadas ou emitidas em conjunto, por meio de listas de OP e OC.

- Todas as OP e OC terão a mesma data-limite para o término, que é o último dia do período. Isso significa que a quantidade de material acumulada no período deverá ser totalmente utilizada no período seguinte.

- As listas de ordens são emitidas com defasagem constante de tempo e em quantidades variáveis.

A diferença entre o sistema de estoque mínimo e o de estoque-base reside no fato de que o primeiro funciona para cada lote de produção (ou de compras), enquanto o segundo funciona para a produção contínua. É o sistema que coloca ênfase no estoque que deve continuamente existir para abastecer a previsão de vendas (no depósito de PA) ou o plano de produção (no almoxarifado de MP).

4.5.5 Sistema do período-padrão

- É um sistema de emissão de ordens muito parecido com o do estoque-base, mas com três diferenças:

1. Em vez de basear-se no estoque necessário para atender ao plano de produção, esse sistema baseia-se no período de tempo considerado.

2. Esse sistema está baseado em um plano de produção imutável e decidido pela alta direção da empresa.

3. Isso significa que o plano de produção e os produtos não sofrem mudanças ou alterações.

O procedimento de utilização desse sistema é o seguinte:

- Desdobra-se o plano de produção em períodos – geralmente meses – para fixar as quantidades de PA que deverão estar disponíveis no depósito para entrega aos clientes. Essas quantidades serão os compromissos que a produção deverá cumprir ao final de cada período.

- No início de cada período, emitem-se todas as OP e OC necessárias para totalizar a quantidade de PA solicitada.

- Todas as OP e OC deverão ter a mesma data-limite para término, que é o último dia do período considerado. O período de tempo constitui o fundamento desse sistema.

- As listas de ordens são emitidas com defasagem constante de tempo e em quantidades variáveis.

No sistema do período-padrão, enfatiza-se o tempo, isto é, a produção semanal ou mensal que deve ser realizada.

4.5.6 Sistema dos lotes componentes

É o sistema de emissão de ordens indicado para o sistema de produção em lotes. Quando se trata da produção de um único produto, também é indicado para o sistema de produção contínua, aqui entendida como um único lote de produção no período considerado. Trata-se de um sistema baseado no plano de produção que implica a produção de uma quantidade padrão de PA comandada pela emissão de uma lista de componentes a serem fabricados ou comprados no período.

- O procedimento para utilização do sistema dos lotes componentes é o seguinte:

- O plano de produção (em decorrência da previsão de vendas) estabelece a quantidade de produção de cada PA no período.

- Se houver alteração no plano de produção (por causa de alguma alteração na previsão de vendas), reprograma-se a produção de cada PA.

- A quantidade de produção de cada PA é transformada em OP ou em OC individualizadas. Cada lote tem uma data de término. O fundamento básico desse sistema é que em qualquer período a produção acumulada ou a compra acumulada de um item deve ser maior do que a necessidade acumulada.

- Emitem-se as ordens individualmente, e as quantidades são constantes. Para facilitar o controle, utiliza-se uma ficha de emissão de ordens, como a indicada no Quadro 4.3.

Quadro 4.3 Ficha de emissão de ordens

Código: _____ Nome: _____

Necessidades		Emissão de ordens				Produção realizada		
Data	Necessidade acumulada	Nº da ordem	Data (término)	Quanti-dade	Quant. acumu-lada	Data	Quant. produ-zida	Produção acumu-lada

No sistema dos lotes componentes, enfatiza-se a quantidade-padrão dos componentes que devem ser fabricados ou comprados, a fim de atender ao plano de produção em cada período de tempo.

4.5.7 Sistema do lote-padrão

É um sistema de emissão de ordens indicado para o sistema de produção contínua, principalmente quando o produto é padronizado e não sofre alterações. Trata-se de um sistema de produção de quantidades padronizadas de PA, a qual é comandada pela emissão de listas de componentes a serem fabricados ou comprados em lotes previamente definidos. Caracteriza-se por emitir listas de ordens sempre para uma mesma quantidade de PA e com defasagens de tempo variáveis determinadas com base no plano de produção. Isso significa que o lote de produção deve ser sempre o mesmo, enquanto o período de tempo varia.

O procedimento de utilização do sistema do lote-padrão é o seguinte:

- Determina-se o lote-padrão para a produção de cada produto (ou para a compra de cada componente).

- Transforma-se o plano de produção em programas de produção, estabelecendo-se as datas de término de cada OP de lotes-padrão, com duplo cuidado de manter sempre mínimo o estoque intermediário e a produção acumulada sempre maior do que o plano de produção acumulado até o período.

- Preparam-se as listas de OP e calculam-se quantos dias antes do término do lote as ordens de cada lista deverão estar encerradas.

- Anota-se nas listas de ordens a data-limite em que as respectivas ordens deverão ser encerradas para que sejam distribuídas às unidades produtivas e à unidade de compras.

- Verificam-se se os prazos e as quantidades marcados nas listas de ordens foram satisfeitos. As ordens deverão conter as datas de término dos lotes-padrão de forma a proporcionar uma produção real acumulada maior do que o plano de produção acumulado, como mostra o Quadro 4.4. Se o lote-padrão for dimensionado em cem unidades, as datas de término deverão proporcionar uma produção realizada acumulada sempre maior do que o plano de produção acumulado.

Quadro 4.4 Programa de produção de lotes-padrão

Meses	Fev.				Mar.			
Semanas	1	2	3	4	1	2	3	4
Plano de produção	50	50	60	70	80	90	100	100
Plano de produção acumulada	50	100	160	230	310	400	500	600
Programa de produção	L1 100	–	L2 100	L3 100	L4 100	–	L5 100	L6 100
Programa de produção acumulada	100	100	200	300	400	400	500	600

Nesse caso, a fim de proporcionar um programa de produção acumulada sempre maior do que a acumulação do plano de produção e para evitar um estoque desmedidamente grande de PA, as datas de término dos lotes-padrão serão:

- Lote 1 (L1) = início da 1ª semana de fevereiro.
- Lote 2 (L2) = início da 3ª semana de fevereiro.
- Lote 3 (L3) = início da 4ª semana de fevereiro.
- Lote 4 (L4) = início da 1ª semana de março.
- Lote 5 (L5) = início da 3ª semana de março.
- Lote 6 (L6) = início da 4ª semana de março.

O sistema do lote-padrão enfatiza a produção de uma quantidade-padrão de PA a ser produzida, mesmo que em diferentes períodos de tempo, para atender ao plano de produção.

Os sistemas de emissão de ordens estão resumidos no Quadro 4.5.

Capítulo 4 – Programação da Produção

Quadro 4.5 As principais características dos sistemas de emissão de ordens

Sistema de emissão de ordens	Principais características
Sistema do produto	Ideal para produção sob encomenda. Atenção voltada para o produto. Fluxo intermitente de informações. Mais fácil de controlar
Sistema de carga	Ideal para produção sob encomenda ou produtos não repetitivos. Atenção voltada para carga de trabalho de cada máquina ou seção. Fluxo intermitente de informação
Sistema de estoque mínimo	Simplicidade. Local para produção repetitiva em lotes. Baseia-se no plano de produção que pode sofrer variações. Fluxos permanentes e diários de informações. Fácil de implantar. Atenção voltada para o nível mínimo de estoque disponível
Sistema de estoque-base	Ideal para produção contínua e repetitiva. Baseia-se no plano de produção que pode sofrer variações. Permite utilizar listas de ordens. Atenção voltada para o nível mínimo e contínuo de estoque disponível
Sistema do período-padrão	Ideal para produção contínua de produtos padronizados. Baseia-se no plano de produção imutável. Implantação trabalhosa. Permite utilizar listas de ordens. Atenção voltada para a produção no período (semanal, mensal ou anual)
Sistema de lotes componentes	Ideal para produção em lotes ou produção contínua. Baseia-se no plano de produção mutável. Exige muita burocracia e fluxo diário e permanente de ordens. Permite listas de ordens. Atenção voltada para a quantidade-padrão de cada lote componente
Sistema do lote-padrão	Ideal para produção contínua de produtos padronizados. Baseia-se no plano de produção imutável. Implantação trabalhosa. Muita coordenação administrativa. Permite listas de ordens. Atenção voltada para a quantidade-padrão de PA

PARA REFLEXÃO

Qual é o melhor sistema de emissão de ordens?

A resposta é muito simples: depende de cada situação, de cada empresa, de cada sistema de produção e das vantagens, fatores imprescindíveis para a integração das várias unidades produtivas da empresa. Cada situação exige uma solução. O primeiro passo é analisar em profundidade os componentes do processo produtivo da empresa e o que se espera dele. A isso se dá o nome de diagnóstico da situação. Esse é o ponto de partida.

Aumente seus conhecimentos sobre **Software APS como apoio na programação da produção** na seção *Saiba mais IPCP 4.6*

4.6 LIBERAÇÃO DA PRODUÇÃO

A liberação da produção – também denominada liberação de recursos – constitui a última fase da programação de produção. A liberação da produção representa o sinal verde para que todos os recursos sejam mobilizados e coordenados para a execução das ordens.

Figura 4.10 As quatro fases da programação da produção.

A liberação da produção constitui um trabalho de coordenação e de integração das várias atividades simultâneas da empresa. Sua finalidade é múltipla. Não se trata simplesmente de expedir as ordens, mas de garantir condições prévias que facilitem sua execução, como mostra a Figura 4.11.

Com aprazamento, roteiro, emissão de ordens e liberação da produção, a programação da produção cumpre seu objetivo: transformar o plano de produção em algo que possa ser executado de maneira integrada e coordenada por todas as unidades envolvidas direta ou indiretamente no processo produtivo da empresa.

Resta agora saber se toda essa parafernália funciona de fato. É o que veremos no próximo capítulo, dedicado ao controle da produção.

Capítulo 4 – Programação da Produção

Figura 4.11 As finalidades da liberação da produção.

QUESTÕES PARA REVISÃO

1. Qual é a relação entre programação da produção e plano de produção?
2. Conceitue programação da produção.
3. Qual é o papel da programação em relação ao planejamento e ao controle da produção?
4. Quais são os objetivos da programação da produção?
5. Relacione a programação da produção com as diversas unidades, como produção, compras, almoxarifado de MP, depósito de PA etc.
6. Quais são as fases da programação da produção? Explique.
7. O que é aprazamento?
8. O que é roteiro?
9. Quais são as principais técnicas de programação da produção?
10. Conceitue o gráfico de Gantt.

11. Conceitue o gráfico de montagem.

12. O que significa PERT?

13. O que é CPM?

14. Conceitue o sistema de emissão de ordens.

15. Quais são os principais tipos de ordens?

16. Conceitue OP.

17. Conceitue OM.

18. Conceitue OC.

19. Conceitue OS.

20. Conceitue RM.

21. O que significa fluxo de informações para a emissão de ordens?

22. O que significa ficha de acompanhamento?

23. O que significa ficha de entrega?

24. O que significa ficha de inspeção?

25. O que significa ficha de custo?

26. O que significa ficha de mão de obra?

27. Quais são os sistemas puros de emissão de ordens?

28. Conceitue o sistema do produto.

29. Quais são as características do sistema do produto?

30. Quais são os procedimentos para sua utilização?

31. Conceitue o sistema de carga.

32. Quais são as características do sistema de carga?

33. Quais são os procedimentos para sua utilização?

34. Conceitue o sistema do estoque mínimo.

35. Quais são as características do sistema do estoque mínimo?

36. Quais são os procedimentos para sua utilização?

37. Conceitue o sistema do estoque-base.

38. Quais são as características do sistema do estoque-base?

39. Quais são os procedimentos para sua utilização?

40. Conceitue o sistema do período-padrão.

41. Quais são as características do sistema do período-padrão?

42. Quais são os procedimentos para sua utilização?

43. Conceitue o sistema dos lotes componentes.

44. Quais são as características do sistema dos lotes componentes?

45. Quais são os procedimentos para sua utilização?

46. Conceitue o sistema do lote-padrão.

47. Quais são as características do sistema do lote-padrão?

48. Quais são os procedimentos para sua utilização?

49. Conceitue liberação da produção.

50. Quais são as finalidades da liberação da produção?

REFERÊNCIAS

1. CHIAVENATO, I. *Administração nos Novos Tempos*. 4. ed. São Paulo: Atlas, 2020.

2. CHIAVENATO, I. *Administração nos Novos Tempos. op. cit.*

5 CONTROLE DA PRODUÇÃO

O QUE VEREMOS ADIANTE

- Conceito de controle da produção.
- Finalidades do controle da produção.
- Fases do controle da produção.
- Métodos de controle da produção.
- Principais tipos de controle da produção.
- Questões para revisão.

A palavra controle tem sido mal interpretada e frequentemente associada a punições, vigilância e restrições. Em administração, todavia, ela é utilizada no sentido amplo de guiar e regular as atividades da empresa, a fim de garantir o alcance dos objetivos almejados. Se tudo corresse exatamente de acordo com o que foi planejado, não haveria nenhuma necessidade de controle. Existe controle exatamente porque sempre alguma coisa sai diferente daquilo para o qual foi planejada.

Vimos anteriormente que o controle é a função administrativa que consiste em medir e corrigir o desempenho, para assegurar que os objetivos da empresa sejam atingidos. A tarefa do controle é verificar se tudo está sendo feito conforme o que foi planejado e organizado, de acordo com as ordens dadas, para identificar os erros ou desvios, a fim de corrigi-los e evitar sua repetição.

Assim, todo controle visa:

- **Corrigir falhas ou erros**: o controle serve para detectar falhas ou erros, seja no planejamento, seja na execução, e apontar as medidas corretivas.
- **Prevenir novas falhas ou erros**: ao corrigir falhas ou erros, o controle aponta meios de evitá-los no futuro.

O controle é importante porque assegura que aquilo que foi planejado e organizado realmente cumpriu os objetivos pretendidos. É um certificado de que as coisas foram executadas de acordo com os planos, com os esquemas e com as ordens transmitidas.

Existem dois tipos de controle:

1. **Controle do desempenho**: isto é, o controle que se realiza à medida que as operações estão sendo executadas. O controle do desempenho visa ao alcance da eficiência no cotidiano das operações.
2. **Controle dos resultados**: isto é, o controle que se realiza após as operações para verificar se elas alcançaram os resultados esperados. O controle dos resultados visa ao alcance da eficácia nos objetivos pretendidos.

Se o controle em sua amplitude apresenta essas características, o controle da produção, em particular, segue o mesmo caminho. É o que veremos a seguir.

5.1 CONCEITO DE CONTROLE DA PRODUÇÃO

O controle da produção (CP) é a última fase do PCP, que acompanha, avalia e regula as atividades produtivas, para mantê-las dentro do que foi planejado e assegurar que atinjam os objetivos pretendidos.

Após a elaboração do plano de produção e emitidas as ordens e liberados os recursos, todas as unidades produtivas e as unidades de assessorias devem funcionar de maneira coordenada para a execução do plano e o alcance dos objetivos. O sistema produtivo deve funcionar integradamente. Para tanto, ele precisa ser controlado a fim de que se assegure que aquilo que foi planejado está sendo executado e que os objetivos pretendidos estão sendo alcançados. Trata-se de garantir a eficiência e a eficácia do sistema.

Figura 5.1 O controle como garantia da eficiência e eficácia.

Como já apontado, a eficiência está relacionada com a execução da produção, com os métodos e processos aplicados e com a utilização dos recursos produtivos, enquanto a eficácia está relacionada com os objetivos desejados, isto é, com a quantidade e qualidade dos produtos/serviços produzidos pelo sistema.

Aumente seus conhecimentos sobre **Manufacturing Execution System (MES)** na seção *Saiba mais IPCP* 5.1

5.2 FINALIDADES DO CONTROLE DA PRODUÇÃO

Como a última fase do PCP, o CP apresenta as seguintes finalidades:
- Avaliar e monitorar continuamente a atividade produtiva da empresa.
- Comparar o programado e o realizado.
- Apontar falhas, erros ou desvios.
- Elaborar relatórios para a direção da empresa.
- Informar outras seções sobre o andamento das atividades produtivas.

O CP procura acompanhar e verificar, isto é, monitorar os seguintes aspectos críticos do processo produtivo da empresa:

- Previsão de vendas e suas possíveis variações.
- Planejamento da capacidade de produção.
- Plano de produção.
- Lista de materiais que compõem os produtos/serviços.
- Planejamento das necessidades de materiais (explosão do PA em partes e componentes).
- Compras.
- Almoxarifado e estoque de MP.
- Estoque de semielaborados ou materiais em vias.
- Programação da produção, envolvendo aprazamento, roteiro, emissão de ordens e liberação da produção.
- Depósito e estoque de PA.

5.2.1 Desafios do controle da produção

Os principais problemas que podem ocorrer no processo produtivo são os seguintes: escassez ou excesso de estoque de MP, escassez ou excesso de estoque de semielaborados ou materiais em vias, escassez ou excesso de estoque de PA, excesso de produtos defeituosos, atraso nos prazos de produção e de entrega ao cliente, custos de produção excessivamente altos, ciclo de produção demasiadamente longo, interrupções no ciclo de produção por falta de MP ou componentes e pouca flexibilidade na utilização da capacidade de produção.

As medidas de desempenho que o CP utiliza para avaliar o sistema de produção são os seguintes: rotação dos estoques de MP, prazos de entrega dos PA, porcentagem de OP não cumpridas por falta de MP e utilização da capacidade instalada.

Assim, as finalidades do CP são amplas e cobrem todo o funcionamento do processo produtivo e das unidades direta e indiretamente relacionadas com ele.

Aumente seus conhecimentos sobre **Controle de operações e a APICS** na seção *Saiba mais IPCP 5.2*

5.3 FASES DO CONTROLE DA PRODUÇÃO

Da mesma forma como ocorre com o controle em geral, o CP apresenta quatro fases distintas:

1. **Estabelecimento de padrões**: é a primeira fase do CP, que estabelece os padrões ou critérios de avaliação ou comparação. Um padrão é uma norma ou um critério que serve de base para a avaliação ou comparação de alguma coisa. Existem quatro tipos de padrões:
   - **Padrões de quantidade**: como volume de produção, quantidade de estoque de MP ou de PA, número de horas, capacidade de produção etc.
   - **Padrões de qualidade**: como controle de qualidade (CQ) de MP recebida, CQ da produção, especificações do produto etc.
   - **Padrões de tempo**: como tempo-padrão para produzir um determinado produto, tempo médio de estoque de determinada MP etc.
   - **Padrões de custo**: como custos de produção, custos de vendas, custos de estocagem etc.
2. **Avaliação do desempenho**: é a segunda fase do CP e visa avaliar o que está sendo feito, monitorando e acompanhando.
3. **Comparação do desempenho com o padrão estabelecido**: é a terceira fase do CP, que compara o desempenho com o que foi estabelecido como padrão de comparação, para verificar se há desvio ou variação, isto é, se há erro ou falha em relação ao desempenho desejado.
4. **Ação corretiva**: é a quarta e última fase do CP, que procura corrigir o desempenho para adequá-lo ao padrão desejado.

As quatro fases do CP podem ser assim representadas:

Capítulo 5 – Controle da Produção

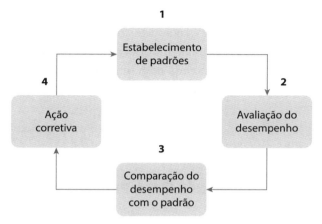

Figura 5.2 O controle como um processo cíclico.

Na realidade, o controle é um processo cíclico e repetitivo. À medida que ele se repete, a tendência é fazer com que as coisas controladas se aperfeiçoem e reduzam seus desvios em relação aos padrões desejados.

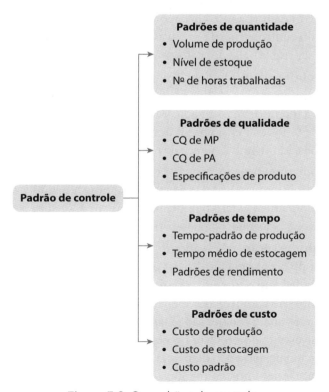

Figura 5.3 Os padrões de controle.

Com o passar do tempo e com os repetidos ciclos de produção, a tendência do CP é conseguir de forma gradativa o aperfeiçoamento do processo produtivo, principalmente quando se trata do sistema de produção contínua e em lotes, já que o sistema de produção sob encomenda nem sempre proporciona repetitividade e regularidade no processo produtivo.

Aumente seus conhecimentos sobre **Key Performance Indicator (KPIs)** na seção *Saiba mais IPCP* 5.3

5.4 MÉTODOS DE CONTROLE DA PRODUÇÃO

O CP utiliza uma variedade de métodos para acompanhar e monitorar as atividades de produção: controle visual, controle total, controle por amostragem, controle por exceção e autocontrole.

Vejamos cada um deles:

1. **Controle visual**: embora pouco valorizado na teoria, é na prática o método de controle mais utilizado. Nas pequenas e médias empresas, é comum a utilização do controle visual para avaliar a carga de máquinas e o volume de material a ser trabalhado em cada máquina.

2. **Controle total**: é o controle global, mais amplo e abrangente. Como o próprio nome indica, ele envolve todos os itens, para comparar a quantidade programada e a quantidade realizada. Tem a vantagem de assegurar o controle contínuo de todos os itens, porém deve ter a praticidade suficiente para não tomar demasiado tempo e não custar caro.

3. **Controle por amostragem**: é um controle parcial, feito por meio de amostras escolhidas ao acaso, isto é, aleatoriamente. Trata-se, portanto, de um controle que utiliza a técnica estatística de amostragem. Consiste em verificações sistemáticas ou ocasionais de determinados itens.

4. **Controle por exceção**: é baseado no princípio da exceção. É feito sobre os desvios ou discrepâncias, sobre os erros ou falhas, sobre as exceções ou anormalidades que ocorrem. Assim, tudo o que ocorre de acordo com o planejamento não é controlado; apenas aquilo que se desvia dos padrões esperados. Todas as comparações são feitas, mas o controle somente se concentra naquilo que escapa do previsto ou planejado. Interessa controlar apenas os itens excepcionais, para não dispersar a atenção do controlador por todos os itens que funcionam normalmente.

5. **Autocontrole**: é um controle efetuado pelo próprio órgão envolvido na execução do que foi planejado e programado, e não por terceiros. Os dados são preparados, e a comparação dos itens realizados com o que foi programado é feita pelos próprios responsáveis pela execução. A vantagem do autocontrole é conscientizar e responsabilizar cada área pela ação corretiva, quando necessária, e nunca depender de um órgão estranho para fazê-lo.

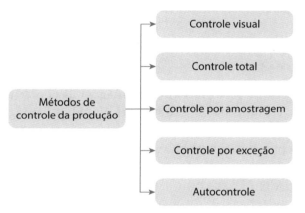

Figura 5.4 Os principais métodos de CP.

 Aumente seus conhecimentos sobre **Planejamento e controle no longo, médio e curto prazo** na seção *Saiba mais IPCP* 5.4

5.5 PRINCIPAIS TIPOS DE CONTROLE DA PRODUÇÃO

O CP pode utilizar quatro tipos principais de controle: controle do plano de produção, controle das quantidades produzidas, controle dos estoques e controle das datas de término. Vejamos rapidamente cada um deles.

5.5.1 Controle do plano de produção

É um dos principais tipos de controle. Na realidade, trata-se de um macrocontrole, ou seja, de um controle ampliado e de grande magnitude. O controle do plano de produção geralmente é feito com base nos seguintes índices:

- **Índice de eficiência**: compara o número de horas previstas com o número de horas trabalhadas para executar o plano de produção.

$$\text{Índice de eficiência} = \frac{\text{N}^{\underline{o}} \text{ de horas previstas}}{\text{N}^{\underline{o}} \text{ de horas trabalhadas}}$$

Quando igual ou maior do que 1, o índice de eficiência mostra sucesso na execução do plano de produção, a menos que este tenha previsto exageradamente um número de horas trabalhadas desnecessárias para sua execução.

- **Coeficiente de utilização de mão de obra**: compara o número de horas aplicadas à encomenda (quando o sistema é de produção sob encomenda), ao lote (quando o sistema é de produção por lotes) ou ao plano anual ou mensal (quando o sistema é de produção contínua) com o número de horas totais de mão de obra.

$$\text{Coeficiente de utilização de mão de obra} = \frac{\text{Nº de horas aplicadas ao lote}}{\text{Nº de horas totais de mão de obra}}$$

Esse índice permite estabelecer a porcentagem das horas de mão de obra (MO) aplicada à encomenda ou ao lote sobre o total de horas de MO, quando seu resultado é multiplicado por 100. Sua vantagem é facilitar os cálculos e as comparações da porcentagem de MO que foi dedicada à encomenda ou ao lote.

- **Coeficiente de utilização do equipamento**: é basicamente o mesmo índice utilizado para MO.

Tal como o índice anterior, permite comparar a porcentagem de aplicação do equipamento produtivo com diversos lotes ou encomendas, quando o resultado for multiplicado por 100.

$$\text{Coeficiente de utilização do equipamento} = \frac{\text{Nº de horas aplicadas ao lote}}{\text{Nº de horas totais do equipamento}}$$

- **Coeficiente de tempo utilizado**: permite comparar o tempo previsto com o tempo gasto na execução do plano de produção.

$$\text{Coeficiente de tempo utilizado} = \frac{\text{Tempo previsto}}{\text{Tempo gasto}}$$

- **Gráficos de Gantt e de montagem**: da mesma forma como foram utilizados para o planejamento, os gráficos de Gantt e de montagem podem ser utilizados para o CP. No mesmo gráfico de planejamento, em que está anotado o esquema planejado (com uma linha cheia ou com uma determinada cor), anota-se o que realmente foi executado (com uma linha pontilhada ou com outra cor). A comparação visual das duas linhas permite identificar rapidamente o que aconteceu.

O controle do plano de produção pode ser feito no decorrer de sua execução ou no final, quando estiver totalmente terminado. A aplicação no decorrer da execução é a mais indicada por mostrar de forma gradativa os passos executados e como estão se desenvolvendo em relação ao que foi planejado.

5.5.2 Controle das quantidades produzidas

É um controle efetuado *a posteriori*, isto é, depois que terminou o processo produtivo. Serve para verificar o que foi produzido em relação a alguns aspectos principais do processo produtivo. Os principais indicadores ou métricas do processo produtivo são:

- **Índice das quantidades produzidas**: compara as quantidades programadas em relação às quantidades produzidas:

$$\text{Índice das quantidades produzidas} = \frac{\text{N}^{\underline{o}} \text{ de unidades produzidas}}{\text{N}^{\underline{o}} \text{ de unidades programadas}}$$

- **Índice de qualidade**: é utilizado para controlar a qualidade dos produtos produzidos e verificar a porcentagem de peças refugadas ou defeituosas em relação à quantidade de peças produzidas.

$$\text{Índice de qualidade} = \frac{\text{Unidades refugadas ou defeituosas}}{\text{Unidades produzidas} \times 100}$$

- **Índice de utilização da matéria-prima**: permite comparar a quantidade de MP utilizada em relação à quantidade de MP prevista no plano de produção.

$$\text{Índice de utilização da MP} = \frac{\text{Quantidade de MP prevista}}{\text{Quantidade de MP utilizada}}$$

- **Índice de cumprimento das ordens**: compara as ordens cumpridas com as não cumpridas, por motivos de falta de MP ou de MO ou por manutenção de equipamento.

$$\text{Índice de cumprimento de ordens} = \frac{\text{Ordens não cumpridas} \times 100}{\text{Ordens cumpridas}}$$

Quando o resultado desse índice é multiplicado por 100, é possível identificar a porcentagem das ordens não cumpridas sobre as cumpridas.

5.5.3 Controle de estoques

O CP procura continuamente controlar os estoques – de MP, de materiais em vias, de PA – durante todo o processo produtivo. O controle de estoques será devidamente estudado no próximo capítulo. O principal índice utilizado para o controle de estoque é o índice de rotação de estoques.

- **Índice de rotação de estoques**: mostra como cada item de estoque se movimenta no decorrer de um determinado período de tempo.

$$\text{Índice de rotação de estoque} = \frac{\text{N}^{\text{o}} \text{ de entradas} + \text{N}^{\text{o}} \text{ de saídas} \times 100}{\text{Estoque médio do item}}$$

Quando o índice de rotação de estoque foi maior do que 100, ele mostra que o item girou ou rodou mais de uma vez em relação ao estoque médio no período. Se, por exemplo, o índice for 400, isso significa que o item rodou ou girou quatro vezes seu estoque médio naquele período de tempo.

5.5.4 Controle das datas de término

É o controle necessário para verificar se os prazos de produção foram ou não cumpridos. O controle das datas de término pode ser feito de forma simples, por meio do arquivamento das fichas por datas de término ou por fichas de entrega.

Na realidade, há uma infinidade de meios para controlar a produção. A criatividade, nesse aspecto, pode ser muito útil para as empresas. Apenas procuramos citar os métodos e tipos mais utilizados de CP na prática.

Quadro 5.1 Os principais tipos de CP

Controle do plano de produção	Índice de eficiência Coeficiente de utilização de MO Coeficiente de utilização do equipamento Coeficiente de tempo utilizado Gráfico de Gantt Gráfico de montagem
Controle das quantidades produzidas	Índice de quantidade produzida Índice de qualidade Índice de utilização de MP Índice de cumprimento de ordens
Controle do estoque	Índice de rotação de estoque
Controle das datas de término	Arquivos de fichas por data de término Arquivos de fichas de entrega

Aumente seus xnhecimentos sobre **Controle em operações "puxadas" x Operações "empurradas"** na seção *Saiba mais* IPCP 5.5

Capítulo 5 – Controle da Produção

PARA REFLEXÃO

Quais são os controles de produção mais importantes?
A resposta é simples e mesmo simplória. Depende das circunstâncias e dos objetivos pretendidos. Se a empresa está preocupada com quantidades e volumes, o índice das quantidades produzidas é essencial. Contudo, se a empresa está preocupada com qualidade, então o índice de qualidade deve ser pinçado. Se a empresa se preocupa com eficiência do processo produtivo, deve buscar o índice de utilização da matéria-prima, o índice de cumprimento das ordens e o índice de rotação de estoques. Na verdade, todos os índices são importantes, e o segredo está em saber utilizá-los no conjunto.

 Acesse conteúdo sobre **Indústria 4.0** na seção *Tendências em IPCP* 5.1

QUESTÕES PARA REVISÃO

1. Quais são os significados da palavra controle?
2. Conceitue o controle como função administrativa.
3. Qual é a tarefa do controle?
4. Quais são as finalidades do controle?
5. Conceitue controle da produção.
6. Relacione CP com eficiência e com eficácia.
7. Quis são as finalidades do CP?
8. Quais são os aspectos críticos do processo produtivo monitorado pelo CP?
9. Quais são os aspectos problemáticos que podem ocorrer no processo produtivo?
10. Quais são as fases do CP?
11. Conceitue o estabelecimento de padrões.
12. Quais são os tipos de padrões? Exemplifique-os.
13. Conceitue avaliação do desempenho.
14. Conceitue comparação do desempenho com o padrão estabelecido.
15. Conceitue ação corretiva.

16. Conceitue o controle como um processo cíclico e repetitivo.

17. Quais são os métodos de CP?

18. O que é controle visual?

19. O que é controle total?

20. O que é controle por amostragem?

21. O que é controle por exceção?

22. O que é autocontrole?

23. Quais são os principais tipos de CP?

24. Quais são os principais controles do plano de produção?

25. Explique o índice de eficiência.

26. O que é coeficiente de utilização de MO?

27. O que é coeficiente de utilização de equipamento?

28. Qual é a utilidade do gráfico de Gantt no CP?

29. Qual é a utilidade do gráfico de montagem no CP?

30. Quais são os principais controles das quantidades produzidas?

31. Explique o índice das quantidades produzidas.

32. Explique o índice de qualidade.

33. Explique o coeficiente de utilização da MP.

34. Quais são os principais controles de estoque?

35. Explique o índice de rotação de estoques.

36. Explique o índice de ordens cumpridas.

37. Quais são os principais controles das datas de término?

6 CONTROLE DE ESTOQUES

O QUE VEREMOS ADIANTE

- Conceito de estoque.
- Tipos de estoque.
- Sistema de controle de estoque.
- Fichas de estoque.
- Classificação de estoque.
- Dimensionamento de estoque.
- Logística.
- Cadeia de suprimentos.
- Questões para revisão.

Todo sistema depende de insumos ou entradas que procedem de seu meio externo para poderem funcionar. Esses insumos ou entradas são processados pelos diversos subsistemas e transformados em saídas ou resultados (produtos ou serviços) que retornam ao meio externo. A eficiência do sistema consiste em manter uma relação viável de entradas/saídas. Muitas vezes, o sistema perde eficiência quando seus insumos ou entradas tardam a chegar, por qualquer motivo, acarretando paradas ou esperas dos subsistemas. Mas o sistema que tem mais entradas do que saídas, ou seja, o sistema que acumula insumos por receio de retardar por falta deles, também perde eficiência, pois tem excesso de recursos não utilizados. Assim, a escassez ou excesso de insumos ou entradas constituem extremos que devem ser evitados em qualquer sistema de produção.

Da mesma forma, o sistema cujas saídas não atendem às necessidades do meio externo perde eficácia. E quando suas saídas são maiores do que a demanda do meio externo, elas tendem a ficar retidas dentro do sistema ou em sua periferia, aguardando o momento de serem liberadas.

Como sistemas abertos, as empresas procuram continuamente manter níveis de estoque de MP adequados às suas necessidades e níveis de estoque de PA às do meio externo.

O estoque da empresa está geralmente localizado no almoxarifado (MP), no depósito final (PA) e em processamento no subsistema de produção (materiais em processamento ou materiais semiacabados).

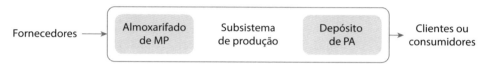

Figura 6.1 O almoxarifado, o subsistema de produção e o depósito como fontes de estoque.

Uma empresa com baixos níveis de estoque de MP corre o risco constante de parar toda vez que algum fornecedor atrasa as entregas. Por sua vez, uma empresa com elevados níveis de estoque de MP talvez esteja perdendo dinheiro inutilmente ao empatar seu capital e abarrotar seus espaços internos e externos com MP sem utilização imediata. O controle de estoques procura manter os níveis de estoque em proporções adequadas e de acordo com limites razoáveis às necessidades da empresa e às demandas do mercado.

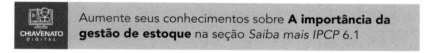

Aumente seus conhecimentos sobre **A importância da gestão de estoque** na seção *Saiba mais IPCP 6.1*

6.1 CONCEITO DE ESTOQUE

Estocar significa guardar algo para utilização futura. Se a utilização for muito remota no tempo, seu armazenamento irá se tornar prolongado: ocupa espaço alugado ou comprado, requer pessoal para guardar, significa capital empatado, precisa ser segurado contra incêndio ou roubo etc. Em outras palavras, ter estoque é ter despesas de estocagem. Porém, se a utilização for imediata, provavelmente não haverá tempo para estocar, o que pode acarretar parada na produção, caso ocorra qualquer atraso no fornecimento da matéria-prima. As duas situações extremas são indesejáveis e devem ser evitadas. O segredo está em conhecer o meio-termo e aplicá-lo a todos os itens de estoque.

Item de estoque é qualquer matéria-prima, material, componente, ferramenta ou produto acabado. Quanto mais complexo ou diversificado for o produto final, tanto maior será a diversidade de itens estocados e mais complicado seu controle.

Fornecedor é a empresa que produz ou comercializa os insumos necessários para o processo produtivo da empresa. O suprimento ou fornecimento constitui o ato de proporcionar a entrada dos insumos ou itens necessários ao funcionamento da empresa.

As finalidades do estoque são as seguintes:

- **Garantir o funcionamento da empresa**, neutralizando os efeitos de demora ou atraso no fornecimento, sazonalidade no suprimento e riscos ou dificuldades no fornecimento.

- **Proporcionar economias de escala** por meio da compra ou produção de lotes econômicos e pela flexibilidade nos processos produtivos.

A responsabilidade pelo estoque se dilui por toda a empresa e por quase todos os níveis hierárquicos de sua administração. A direção quase sempre se preocupa apenas com o volume global de estoques, sem se ater a detalhes sobre o estoque específico de cada item, salvo se este for realmente estratégico para o negócio da empresa. Cabe aos gerentes e chefes a responsabilidade do controle específico de cada item de estoque.

Acesse conteúdo sobre **Estoque na quantidade certa** na seção *Tendências em IPCP 6.1*

6.2 TIPOS DE ESTOQUE

Os estoques não ficam apenas no almoxarifado (MP) ou no depósito (PA). Eles se distribuem também pelas diversas unidades produtivas, na medida em que as MP estão sendo processadas e transitam de uma unidade ou seção para outra, como materiais semiacabados (partes do produto) e como materiais acabados (que são os componentes que depois de montados serão os PA). Assim, em uma ponta temos a MP em vias de processamento, os materiais em processamento e os materiais semiacabados, e na outra ponta o PA.

Existem, portanto, cinco tipos de estoque: de MP; de materiais em processamento ou em trânsito de uma unidade ou seção para outra; de materiais semiacabados, isto é, estocados após algumas operações e que serão transformados em um ou mais produtos; de materiais acabados ou componentes, que são peças isoladas e resultados de submontagens; e de PA.

A Figura 6.2 mostra os tipos de estoque em uma empresa fictícia.

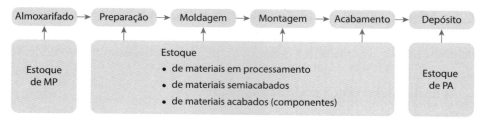

Figura 6.2 Tipos de estoque.

Além do estoque inicial (MP) e do estoque final (PA), existem estoques intermediários, também denominados estoques em trânsito ou materiais em vias. As ordens comandam a movimentação ou o fluxo dos materiais estocados em todas essas situações. Como vimos anteriormente, a movimentação dos materiais dentro da empresa é feita por meio de ordens: OC (ordem de compra), RM (requisição de materiais), OP (ordem de produção) e OM (ordem de montagem).

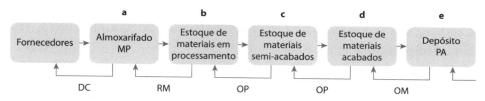

Figura 6.3 A movimentação de materiais.

Como os estoques representam um enorme capital empatado pela empresa para garantir seu funcionamento, eles precisam ser devidamente controlados.

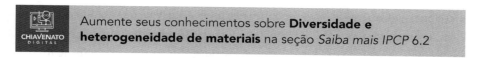

6.3 SISTEMAS DE CONTROLE DE ESTOQUES

Existem vários sistemas de controle de estoques, cada qual com características próprias, vantagens e limitações. No entanto, três sistemas básicos se destacam: sistema de duas gavetas ou de estoque mínimo, de renovação periódica e de estoque para fim específico.

6.3.1 Sistema de duas gavetas ou de estoque mínimo

Esse sistema baseia-se no critério de guardar o material em duas gavetas (ou em dois lotes separados): usa-se o material da primeira gaveta; quando esse material acabar e for necessário usar o da segunda gaveta, está na hora de fazer um pedido de renovação de estoque. A quantidade de material da segunda gaveta deve ser suficiente para durar até o recebimento do pedido de renovação. A denominação estoque mínimo serve para designar a separação entre as duas gavetas, isto é, entre as duas partes do estoque. Essa separação não é feita fisicamente, mas apenas registrada na ficha de estoque, como ponto de separação entre um e outro lote: o estoque em uso e o de segurança ou estoque mínimo. Assim, anota-se na ficha de estoque o estoque mínimo (da segunda gaveta) a ser utilizado entre a data do pedido e a data do recebimento do material pelo fornecedor. Quando o saldo de estoque atingir esse estoque mínimo, deve-se automaticamente emitir uma OC à unidade de compras.

Casos práticos de utilização do sistema de duas gavetas podem ser rapidamente exemplificados. Quando o almoxarifado estoca peças na prateleira, pode utilizar um envelope plástico (segunda gaveta) com algumas peças adicionais e um cartão de identificação. Quando acabarem as peças da prateleira, o envelope é aberto e envia-se o cartão à unidade de compras, como se fosse uma OC. Quando o material é estocado a granel, pode-se colocar uma marca a fim de separar a primeira da segunda gaveta na pilha de cada item. Quando se chegar à marca, está na hora de renovar o estoque e emite-se uma OC.

As vantagens do sistema de duas gavetas ou de estoque mínimo residem no fato de ser facilmente compreendido e de permitir um rápido levantamento do estoque físico.

As desvantagens, no entanto, estão na individualização de cada item do estoque, o que impede uma visão geral de todos os itens estocados. Cada item deve ter uma ficha de estoque e ser controlado independentemente dos demais itens de estoque. Isso faz com que as compras também sejam individualizadas por item e se perca a oportunidade de desconto nas compras globais e de redução no custo do transporte dos materiais. O sistema fica complicado quando um item é estocado em diferentes locais. Nesse caso, faz-se a redistribuição da primeira gaveta entre as diferentes seções, e a segunda gaveta permanece com o controle centralizado.

6.3.2 Sistema de renovação periódica

É o sistema de controle de estoques em que a renovação é feita em períodos de tempo previamente estabelecidos. É o período ou intervalo de tempo que define a renovação do estoque. Cada item de estoque tem seu período de tempo calculado para minimizar o custo de estocagem. A quantidade a ser comprada ou requisitada deve ser suficiente para suportar a demanda até o recebimento do pedido seguinte. Quando houver incerteza sobre a demanda interna ou sobre o prazo de entrega do fornecedor, deve-se manter um estoque de reserva. Cada item tem sua demanda interna, seu prazo de renovação ou reposição, seu custo de estocagem e sua obsolescência. Apesar dessas diferenças, é comum a adoção de períodos iguais para um grande número de itens em estoque, a fim de simplificar as compras, permitir a compra simultânea de diversos itens e obter condições vantajosas de compra e de transporte do material.

A vantagem do sistema é renovar periodicamente os itens estocados. Quando a renovação periódica é semanal ou mensal, torna-se fácil analisar os índices de rotação de estoque, a utilização de cada item e fazer as devidas comparações.

A desvantagem desse sistema é que ele não permite avaliar se os estoques estão realmente em seu nível mais econômico.

6.3.3 Sistema de estoque para fim específico

Esse sistema é também chamado de controle de materiais, para ser diferenciado dos dois sistemas de controle de estoque anteriormente citados e que costumam ser denominados controles de estoques.

É o sistema de controle de estoque mais individualizado. Geralmente é utilizado para atender a um plano de produção específico (como no sistema de produção sob encomenda) ou especificamente a uma OP ou RIVI (como no sistema de produção em lotes).

Algumas indústrias que trabalham com o sistema contínuo ou por lotes estabelecem antecipadamente seus programas de produção por vários meses. Essa programação é imutável nos seis ou doze meses do período e pode ter uma projeção mutável para o período posterior. Por causa dessa programação por períodos relativamente longos no tempo, é comum a utilização do sistema de estoque para um fim específico. A programação de recebimento de materiais deve ser coerente com essa programação de produção. Em outras palavras, a programação da produção é transformada em programas de recebimento de materiais, de acordo com as listas de materiais que compõem o PA, e encaminhada à unidade de compras.

6.4 FICHAS DE ESTOQUE

A ficha de estoque (FE) é um documento que serve para controlar e analisar o estoque de cada item. Há uma enorme variedade de FE, com diferentes tipos e informações. Existem também inúmeros esquemas que visam facilitar seu uso, como tambores rotativos, fichários móveis, Kardex, quadros, sistemas de informação computadorizados com terminais distribuídos, utilização de código de barras etc. Cada empresa define suas FE de acordo com suas necessidades específicas. Porém, as principais informações que uma FE deve possuir são as seguintes: disponibilidade do item, valor monetário do estoque e custo de cada item, rotatividade do estoque pelas emissões de pedidos de reposição e identificação de desvios ou perdas de material.

As informações contidas na FE podem ser exemplificadas da seguinte maneira:

- **Identificação do item**:
  a. nome;
  b. número ou código;
  c. especificação ou descrição;
  d. unidade de medida (metro, quilo, unidade etc.);
  e. tipo de utilização (a que se destina).

- **Controle do item**:
  a. lote mínimo;
  b. lote econômico;
  c. utilização mensal (demanda);
  d. número de dias para atendimento do pedido de renovação;
  e. fornecedores;
  f. preço unitário;
  g. porcentagem de perda ou rejeição.

- **Movimentação do estoque do item**:
  a. pedidos de reposição já feitos;
  b. recebimentos de material;
  c. reservas de material;
  d. retiradas de material.

- **Saldo de estoque do item**:
  a. saldo em estoque (quantidade existente no almoxarifado);
  b. saldo disponível (quantidade no almoxarifado não reservada + quantidade encomendada e ainda não recebida);
  c. saldo das encomendas (quantidade total encomendada e ainda não recebida do fornecedor);
  d. saldo das reservas (quantidade total reservada e não retirada).

Custo e valor do estoque do item:

a. custo unitário de cada entrada;

b. custo total;

c. custo unitário médio;

d. custo-padrão;

e. custo unitário de cada saída;

f. saldo monetário em estoque.

As FE podem ter quatro níveis de informações:

- **Nível 1**: inclui informação sobre entradas (material recebido), saídas (material entregue) e saldo em estoque (entradas – saídas), como indica o Quadro 6.1.

Quadro 6.1 Ficha de estoque com nível 1 de informação

Ficha de estoque				
Nome do item: _____ Unidade: _____				
Código do item: _____ Observações: _____				
Data	Documento	Entradas	Saídas	Saldo em estoque

É o nível mais elementar e simples de FE. Contudo, é o mais frequentemente encontrado. Seu nível de informação tem pouca utilidade para o PCP ou para o planejamento de compras, pois não permite análises mais profundas ou previsões sobre o futuro comportamento do item, a não ser que se proceda a uma exaustiva e trabalhosa computação de cada FE. O saldo em estoque de um determinado item pode ser aparentemente grande na FE, mas insuficiente para abastecer as OP que estão para chegar. Nesse nível, a FE não permite prever se haverá falta do item. Se o saldo em estoque for pequeno ou nulo, a FE também não indicará quando o material será recebido.

- **Nível 2**: inclui a informação sobre a quantidade de material encomendado, recebido, entregue e o saldo em estoque, como mostrado no Quadro 6.2.

Quadro 6.2 Ficha de estoque com nível 2 de informação

		Ficha de estoque			
Nome do item: _____ Unidade: _____					
Código do item:_____ Observações: _____					
Data	Documento	Encomendado	Entradas	Saídas	Saldo

O nível 2 de informação permite saber o volume do material encomendado e incluí-lo na programação da produção.

- **Nível 3**: inclui informação sobre a quantidade de material encomendado, recebido, saldo a receber reservado para operações específicas e o saldo em estoque.
- **Nível 4**: proporciona um sistema duplo que envolve as seguintes informações: quantidade de material encomendado, quantidade de material recebido, quantidade de material reservado, saldo disponível, saídas e saldo em estoque.

Quadro 6.3 Ficha de estoque com nível 4 de informação

		Ficha de estoque				
Nome do item: _____ Unidade: _____						
Código do item: _____ Observações: _____						
Data	Encomendado	Recebido	Reservado	Disponível	Saídas	Saldo

A FE com informação em nível 4 proporciona excelente ajuda ao PCP e ao planejamento de compras, pois permite conhecer a quantidade de material encomendado, recebido, reservado e disponível, além das saídas e do saldo de estoque (o qual nem sempre está disponível).

No passado, as FE ficavam localizadas nas prateleiras do almoxarifado, junto aos itens controlados. No entanto, o controle se tornava descentralizado e ineficiente, além de trabalhoso, pois exigia um levantamento em todas as dependências do almoxarifado para se ter uma ideia do nível geral de estoques. Modernamente, o fichário de estoque fica fora do almoxarifado e centralizado em algum sistema informacional, de preferência no âmbito do controle da produção.

Periodicamente, deve-se verificar se o saldo da FE corresponde ao saldo que realmente existe no almoxarifado. Existem três maneiras de proceder a essa verificação periódica:

1. **Verificação completa no fim de cada exercício anual ou semestral**. Trata-se de uma contagem minuciosa ou balanço físico que geralmente leva o nome de inventário. Essa contagem física exige a paralisação das atividades e o trabalho intensivo de todo o pessoal.

2. **Verificação contínua no decorrer do ano**, procedendo-se à contagem de alguns itens por dia ou por semana.

3. **Verificação dos itens que têm um pedido de reposição ou renovação**. É o tipo de verificação mais indicado, por não levar a grandes diferenças que se somam e acumulam com o passar de longos períodos de tempo.

6.5 CLASSIFICAÇÃO DE ESTOQUE

Os estoques são classificados segundo o volume de suas quantidades ou de seu valor monetário. Quase sempre um pequeno número de itens costuma corresponder à quase totalidade dos valores requisitados. Podemos agregar os itens de estoque conforme o valor requisitado em três classes:

1. **Classe A**: é um pequeno número de itens que totaliza uma grande porcentagem do valor total requisitado. São os itens mais caros e importantes e que merecem um tratamento individual, pois, apesar de representarem uma pequena porcentagem dos itens, respondem por uma grande porcentagem do valor monetário total dos estoques.

2. **Classe B**: corresponde aos itens intermediários entre as classes A e C. Esses itens merecem atenção individualizada por sua relativa importância em face de uma razoável porcentagem do valor monetário total dos estoques.

3. **Classe C**: refere-se a um grande número de itens baratos que totaliza uma pequena porcentagem do valor total requisitado. São os itens mais numerosos e menos importantes, pois respondem por uma pequena porcentagem do valor monetário total. Merecem pouca atenção individualizada e são tratados por sistemas automatizados.

Capítulo 6 – Controle de Estoques   105

Essa divisão em três classes é denominada Classificação ABC, a qual permite uma visualização específica dos itens mais importantes, dos menos importantes e dos intermediários. Para melhor visualizar a Classificação ABC, procede-se à montagem da Tabela 6.1, colocando-se em ordem sequencial de grandeza os itens, conforme seu valor requisitado no período do mês.

Tabela 6.1 Classificação ABC de materiais

Ordem de grandeza	Código do item	Valor requisitado no mês	Porcentagem do total	Valor requisitado acumulado	Porcentagem acumulada
1	I-0146	60.000	30%	60.000	30%
2	M-2235	40.000	20%	100.000	50%
3	I-0145	20.000	10%	120.000	60%
4	I-0144	10.000	5%	130.000	65%
5	M-2238	8.000	4%	138.000	69%
6	L-0022	8.000	4%	146.000	73%
7	I-0006	8.000	4%	154.000	77%
8	I-0009	4.000	2%	158.000	79%
9	M-2222	4.000	2%	162.000	81%
10	M-2233	4.000	2%	166.000	83%
11	M-2244	4.000	2%	170.000	85%
5.739	I-0002	40	0,02%	199.920	99,96%
5.740	I-0035	40	0,02%	199.960	99,98%
5.741	M-2201	20	0,01%	199.980	99,99%
5.742	M-2200	20	0,01%	200.000	100%
5.742 itens		**Valor monetário total**		**200.000,00**	

Com a Tabela 6.1, pode-se elaborar a curva ABC por meio de um gráfico cartesiano, como apresentado na Figura 6.4.

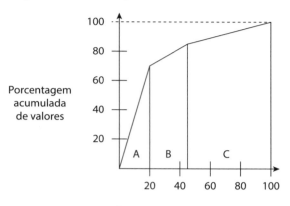

Figura 6.4 A curva ABC.

A curva ABC permite uma melhor visualização da importância relativa dos itens das classes A, B e C.

6.6 DIMENSIONAMENTO DE ESTOQUE

Dimensionar estoque significa estabelecer o nível adequado que cada item deve ter em estoque. Esse nível é ótimo quando não é exagerado – a ponto de aumentar demais os custos de estocagem – nem muito baixo – a ponto de não poder atender às requisições. O nível ótimo busca minimizar os custos e, ao mesmo tempo, garantir a disponibilidade do material para atender às requisições.

O dimensionamento de estoque pode ser feito pela prática cotidiana ou por técnicas matemáticas.

6.6.1 Dimensionamento pela prática

É o dimensionamento baseado no bom senso e na própria experiência adquirida com o processo produtivo. Em geral, vale-se de regras de conduta e de tabelas de consulta. Pode apoiar-se em:

- **Sistema de duas gavetas ou do estoque mínimo**: nesse sistema, a quantidade do pedido de reposição (Q) é constante, enquanto o período de tempo (t) entre os pedidos de reposição é variável, pois é o estoque mínimo (Em) que determina a emissão de um novo pedido de Q unidades. A incógnita, portanto, é Em. Assim:

$$Em = Er + dt$$

em que: Em = estoque mínimo; Er = estoque de reserva; d = consumo médio; t = tempo médio de espera em dias entre o pedido e o recebimento do material. Nesse caso,

$$Em = Er + Q/2$$

em que: Em = estoque médio; Er = estoque de reserva; Q = quantidade do pedido de reposição.

- **Sistema de renovação periódica**: nesse sistema, o período de tempo é constante, enquanto a variável é a quantidade pedida em cada reposição (Q). A incógnita é Q.

Nesse caso:

$$Q = d + Er - Ee$$

em que: Q = quantidade de estoque; d = consumo médio; Er = estoque de reserva; Ee = estoque disponível existente no dia do pedido.

- **Sistema de estoque para fim específico**: nesse sistema, a época da aquisição e da quantidade do pedido depende do conhecimento da demanda específica do produto final que se tem em mente.

6.6.2 Dimensionamento por técnicas matemáticas

Embora haja uma grande variedade de técnicas matemáticas para o dimensionamento de estoque, será utilizado aqui apenas o cálculo do lote econômico. O princípio do lote econômico se aplica tanto à compra (lote econômico de compra) quanto à produção (lote econômico de produção). A quantidade a ser comprada em cada reposição (ou produzida em cada lote) influencia de maneira inversa dois custos:

1. **Custo de obtenção ou de preparação (CO)**: é o custo ligado diretamente ao número de pedidos de reposição de estoque. Quanto maior for o número de pedidos de reposição, maior será o trabalho para a unidade de compras, para o transporte do material, para o recebimento e inspeção do material recebido, para os lançamentos contábeis etc., e, portanto, maior o custo de preparação. Quando os lotes de compra são maiores, tanto menor será o custo de preparação.

2. **Custo de armazenagem (CA)**: é o custo ligado diretamente à quantidade estocada. Quanto maiores forem os lotes de compra, tanto maior será o estoque médio, maiores os juros sobre o capital investido em estoque, maior o aluguel do espaço do almoxarifado, maior o trabalho de mão de obra, maior o custo do seguro contra roubo ou incêndio, perdas por deterioração etc. e, portanto, maiores os custos de armazenagem.

Esses dois custos funcionam de maneira inversa, como mostra a Figura 6.5.

Figura 6.5 A influência dos lotes de compra.

O cálculo do lote econômico ou da quantidade econômica de compra procura reduzir ao máximo tanto o CP como o CA. Seja D a demanda anual (ou periódica) em unidades de um item, o lote econômico ou a quantidade econômica (LE) poderá ser calculado por meio da seguinte equação:

$$LE = \sqrt{\frac{CP \times D}{CA}}$$

Com essa equação, pode-se calcular a quantidade ou lote econômico de compra, principalmente dos itens das classes A ou B. Contudo, à medida que a demanda de um item muda, deve-se proceder ao recálculo do lote econômico de compra.

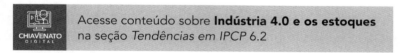

Acesse conteúdo sobre **Indústria 4.0 e os estoques** na seção *Tendências em IPCP 6.2*

6.7 LOGÍSTICA

A logística envolve o conjunto de todas as atividades relacionadas com movimentação e armazenagem necessárias para facilitar o fluxo de materiais, desde o ponto de aquisição dos materiais até o de consumo final, bem como todo o fluxo de informações necessário para colocar os materiais em movimento em uma rapidez e custo razoáveis. A logística está focada na entrega dos materiais no ponto certo, ao menor custo e no menor prazo, sem prejuízo das condições de qualidade.

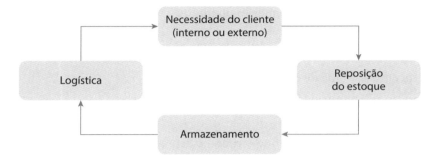

Figura 6.6 Ciclo de gestão de materiais.

Aumente seus conhecimentos sobre **A importância da logística** na seção *Saiba mais IPCP* 6.3

6.8 CADEIA DE SUPRIMENTOS

Também denominada *Supply Chain Management* (SCM), é uma ferramenta que, pela tecnologia da informação (TI), permite que a empresa gerencie sua cadeia de suprimentos com eficiência e eficácia, e alcance padrões de competitividade. Trata-se, pois, de um sistema que envolve processos de logística que vão desde a entrada de pedidos de clientes até a entrega do produto em seu destino final. Com a ajuda da computação, o SCM integra e relaciona fluxos de informações, documentos, insumos, matérias-primas, informações, meios de transporte, tempo etc., além de proporcionar indicadores de desempenho que permitem o controle de resultados, como velocidade na execução dos processos, tempo de chegada ao sistema produtivo (quando se tratar de insumos) ou tempo de chegada ao mercado (quando se tratar de PA), nível de serviço e custos compatíveis.

Aumente seus conhecimentos sobre **Política de suprimentos** na seção *Saiba mais IPCP* 6.4

QUESTÕES PARA REVISÃO

1. Conceitue estoque.
2. Quais são as vantagens e desvantagens de um estoque muito grande?
3. Quais são as vantagens e desvantagens de um estoque muito pequeno?
4. Quais são as finalidades do estoque?

5. Quais são os tipos de estoque? Explique-os.
6. Conceitue estoque de MP.
7. Conceitue estoque de materiais em processamento.
8. Conceitue estoque de materiais semiacabados.
9. Conceitue estoque de materiais acabados.
10. Conceitue estoque de PA.
11. Qual é a diferença entre almoxarifado e depósito?
12. Quais são os sistemas de controle de estoque?
13. O que é um sistema de controle de estoque?
14. Conceitue o sistema de duas gavetas ou estoque mínimo.
15. Quais são as vantagens do sistema de duas gavetas?
16. Quais são as desvantagens do sistema de duas gavetas?
17. Conceitue o sistema de renovação periódica.
18. Quais são as vantagens do sistema de renovação periódica?
19. Quais são as desvantagens do sistema de renovação periódica?
20. Conceitue o sistema de estoque para fim específico.
21. O que é ficha de estoque?
22. Quais são as informações básicas de uma FE?
23. Quais são os esquemas para facilitar o uso das FE?
24. Explique a FE com nível 1 de informação.
25. Explique a FE com nível 2 de informação.
26. Explique a FE com nível 3 de informação.
27. Explique a FE com nível 4 de informação.
28. Onde se deve localizar o fichário de estoque?
29. O que significa classificação de estoque?
30. Explique a Classificação ABC.
31. Quais são os itens que compõem a Classe A?
32. Quais são os itens que compõem a Classe B?
33. Quais são os itens que compõem a Classe C?
34. Como se monta uma curva ABC?
35. O que significa dimensionar estoques?
36. O que significa dimensionamento ótimo de estoques?

Capítulo 6 – Controle de Estoques

37. Conceitue a solução prática de dimensionamento de estoques.

38. No sistema de duas gavetas, qual é a constante e qual a variável?

39. No sistema de duas gavetas, qual é a equação Em?

40. No sistema de renovação periódica, qual é o fato constante e qual a variável?

41. No sistema de renovação periódica, qual é a equação de Q?

42. O que significa lote econômico ou quantidade econômica?

43. Conceitue custo de preparação (CP).

44. Conceitue custo de armazenagem (CA).

45. Qual é a equação da quantidade econômica (LE)?

46. Explique a função da logística.

47. Conceitue a gestão da cadeia de suprimentos.

REFERÊNCIAS BIBLIOGRÁFICAS

BURBIDGE, S. B. *Planejamento e Controle da Produção*. São Paulo: Atlas, 1983.

CHIAVENATO, I. *Introdução à Teoria Geral da Administração*.10. ed. São Paulo: Atlas, 2020.

CHIAVENATO, I. *Administração nos Novos Tempos*. 4. ed. São Paulo: Altas, 2020.

CHIAVENATO, I. *Gestão da Produção:* uma abordagem introdutória. 4. ed. São Paulo: Atlas, 2022.

CHIAVENATO, I. *Recursos Humanos*: o capital humano das organizações. 11. ed. São Paulo: Atlas, 2020.

EXAME. Melhores e maiores em 2007. *Exame*, São Paulo, ago. 2007.

HARDING, H. A. *Administração da Produção*. São Paulo: Atlas, 1997.

KINNEAR, J. Creating a Pert Network. *In*: CERTO, S. C. *Management:* diversity, quality, ethics, and the global environment. Boston: Allyn & Bacon, 1994.

LEONG, G. K.; SNYDER, D. L.; WARD, P. T. Research in the Process and Content of Manufacturing. *Omega International Journal of Management Science*, v. 18, n. 2, p. 109-122, 1999.

MAGEE, J. F. *Planejamento da Produção e Controle de Estoques*. São Paulo: Pioneira, 1987.

MAGELLA, G. Estoque zero não é coisa de japonês. Basta combinar direitinho com o fornecedor. *Portal Exame*, São Paulo, 09 maio 1997.

MARTINS, P. G.; LAIJGENI, F. P. *Administração da Produção*. São Paulo: Saraiva, 2005.

REIS, D. A. *Administração da Produção*. São Paulo: Atlas, 1988.

SCOTT, B. *Manufacturing Planning Systems*. Londres: McGraw-Hill, 1994.

SKINNER, W. *Manufacturing:* the formidable competitive weapon. Nova Iorque: John Wiley & Sons, 1985.

SLACK, N. *et al. Administração da Produção.* São Paulo: Atlas, 1997.

SWAMIDASS, P. M. Manufacturing Strategy: its assessment and practice. *Journal Operations Management,* v. 6, n. 4, p. 471-484, 1986.

TALEB, N. N. *The Black Swan:* the impact of the highly improbable. Nova Iorque: Random House, 2007.

VOLLMANN, T. E.; BERRY, W. L.; CAON, M. *Planejamento, Programação e Controle da Produção,* MRP II/ERP. São Paulo: Atlas, 1997.

WHEELWRIGHT, S. C. Manufacturing Strategy: defining the mission link. *Strategic Management Journal,* v. 5, p. 77-91, 1985.

ZACCARELLI, S. B. *Programação e Controle da Produção.* São Paulo: Pioneira, 1979.

ÍNDICE ALFABÉTICO

A

Aprazamento, 64-65

B

Bem(ns)
  de capital, 6
  de consumo, 5-6
duráveis, 5-6
  perecíveis, 6
  de produção, 6

C

Cadeia
  de suprimentos, 109
Capacidade
  de produção, 43, 45-46, 48, 50-51
  instalada, 46-48
Capital
  econômico, 15
  financeiro, 15
Conceito,
  de planejamento e controle da
    produção, 20
  de planejamento da produção, 41
  de programação da produção, 57

de controle da produção, 84
de estoque, 95
Controle da produção, 19, 21, 24, 31-32,
  44, 64, 83
  finalidades do, 85
  fases do, 86
  métodos de, 88
  principais tipos de, 89
Cronograma, 60

E

Eficácia, 19, 42-43
Eficiência, 19, 42-43, 90, 95
Emissão de ordens, 44, 58, 65, 69, 71,
  73-75, 77-79
Empresas
  estatais, 2
  grandes, 3-4
  médias, 3-4
  mistas, 2
  pequenas, 3-4
  primárias ou extrativas, 4-5, 31
  privadas, 2
  secundárias ou de transformação, 4-5
  terciárias ou prestadoras de serviços,
    4-5, 31
ERP, 37

Estoque(s)
Fichas de, 100
Índice de rotação de, 92, 100

F

Funcionário
Multifuncional, 52

G

Gráfico
de carga, 61, 69
de exploração, 33, 61
de Gantt, 61
de implosão, 61
de montagem, 61

I

Indicadores
de desempenho, 20, 109
Indústria 4.0, 93, 108

J

Just-in-time, 52, 54

K

Kaizen, 53
Kanban, 52-53
KPI, 88

L

Layout, 53
Lead Time, 42
Liberação
da produção, 44, 64, 78-79

M

Macrossistema, 7
MEI, 3
Mercadoria, 5

MRP, 36-37, 53
MRPII, 36-38

P

Padrão, 27, 86-87
Planejamento e controle da produção,
19
Fases do, 32
Plano
de produção, 44-45, 47-51, 57-59, 64-
65, 67, 73-68, 89-90, 92
de vendas operacionais, 35
Previsão
de vendas, 24, 37, 41-42, 45-46, 48-51,
73
Produção
contínua, 11-12, 29-31, 50, 77
Controle da, 19, 89
em lotes, 10-12, 28, 30-31, 49-50
Fatores de, 12-13, 60
Planejamento da, 35, 41-44, 64
Plano mestre de, 35
Projeto de, 32, 34-35
sob encomenda, 10-11, 26, 28, 31, 49-
50, 67, 77
Programação da, 51, 57-60, 64-65, 78,
100
Program Evaluation Review Technique,
59, 62
Programa mestre, 37, 52

R

Recursos
administrativos, 13
empresariais, 12-15, 42, 48
financeiros, 13
humanos, 13

materiais ou físicos, 13, 15

mercadológicos, 13

Roteiro, 64-65, 70-71

S

Serviços, 5-7, 21, 26, 65

Sistema(s)

Abertos, 7-8, 96

de capacidades finitas, 58

de lote-padrão, 67, 75-77

de emissão de notas, 67

de estoque-base, 67, 73, 77

de estoque mínimo, 67, 71-73, 77, 99, 106-107

do período-padrão, 67, 73-74, 77

dos lotes componentes, 67, 74-75, 77

de produção, 8, 10-12, 26, 28, 31-32, 34, 49-50, 69-71, 73-75, 86, 88

do produto, 67-68, 77

fechados, 7

Subsistema, 7-9, 11, 31

Sucesso empresarial, 2

Supply Chain Management, 109

Suprassistema, 7